BROYDD CYMRU 7

Bro Morgannwg

Islwyn Jones

Argraffiad cyntaf: Gorffennaf 1998

Rhif Llyfr Safonol Rhyngwladol:
0-86381-520-0

Clawr: Smala
Mapiau: Ken Lloyd Gruffydd

Lluniau'r clawr:
Castell Ogwr, Tŷ a Gerddi'r Dyffryn,
Saint-y-brid, hwylfyrddio ar yr arfordir
a thafarn yr Old Swan, *Llanilltud Fawr.*

Diolch i'r canlynol am y lluniau sy'n ymddangos yn y gyfrol hon:
Bwrdd Croeso Cymru – tud. 35,41,63,67,77,79,93
Cyngor Bro Morgannwg – tud. 39,59,62,67
Cyngor Bwrdeistref Sirol Pen-y-bont ar Ogwr – tud. 46,47,63,65,71,95
Gwinllan Llanerch – tud. 69

Argraffwyd a chyhoeddwyd gan Wasg Carreg Gwalch,
12 Iard yr Orsaf, Llanrwst, Dyffryn Conwy LL26 0EH.
☎ *(01492) 642031*

I'r ddwy Ann

Cynnwys

Gair am y Gyfres

Bob blwyddyn bydd llinyn o Eisteddfodwyr a llygad y cyfryngau Cymreig yn troi i gyfeiriad dwy fro arbennig – bro Eisteddfod yr Urdd ar ddiwedd y gwanwyn a bro'r Eisteddfod Genedlaethol ynghanol yr haf.

Yn ogystal â rhoi cyfle i fwynhau'r cystadlu a'r cyfarfod, y seremonïau a'r sgwrsio, a'r diwylliant a'r dyrfa, mae'r eisteddfodau hyn yn cynnig llawer mwy na'r Maes yn unig. Yn naturiol, mae'r ardaloedd sy'n cynnig cartref i'r eisteddfodau yn rhoi lliw eu hanes a'u llên eu hunain ar y gweithgareddau, a bydd eisteddfodwyr yn dod i adnabod bro ac yn treulio amser yn crwydro'r fro wrth ymweld â'r gwyliau.

Ers tro mae bwlch ar ein silffoedd llyfrau Cymraeg am gyfres o arweinlyfrau neu gyfeirlyfrau hwylus a difyr sy'n portreadu gwahanol ardaloedd yng Nghymru i'r darllenwyr Cymraeg. Cafwyd clamp o gyfraniad gan yr hen gyfres 'Crwydro'r Siroedd' ond bellach mae angen cyfres newydd, boblogaidd sy'n cyflwyno datblygiadau newydd i do newydd.

Dyma nod y gyfres hon – cyflwyno bro arbennig, ei phwysigrwydd ar lwybrau hanes, ei chyfraniad i ddiwylliant y genedl, ei phensaer-nïaeth, ei phobl a'i phrif ddiwydiannau, gyda'r prif bwyslais ar yr hyn sydd yno heddiw a'r mannau sydd o ddiddordeb i ymwelwyr, boed yn ystod yr Eisteddfod neu ar ôl hynny.

Teitlau eraill yn y gyfres:
BRO MAELOR – Aled Lewis Evans
BRO DINEFWR – Gol: Eleri Davies
GWENT – Gareth Pierce
PENLLYN – Ifor Owen
EIFIONYDD – Guto Roberts
LLŶN – Elfed Gruffydd

Diolch

Yn y lle cyntaf hoffwn ddiolch i Wasg Carreg Gwalch am y gwahoddiad i baratoi'r llyfryn hwn. Fe fu'n fodd i'm gorfodi i ymweld â llawer o leoedd na fûm ynddynt ers cantoedd ac fe fu'n gyfle i grwydro i ambell lecyn hoff unwaith eto a synnu a rhyfeddu at gymaint o bethau.

Hoffwn ddiolch i'r awduron hynny y cefais fudd a phleser wrth ddarllen eu gwaith. Mae Bro Morgannwg wedi bod yn ffodus yn ei haneswyr a'i theithwyr ac mae toreth o ddeunydd wedi'i gyhoeddi dros y blynyddoedd ganddynt. Dengys y llyfryddiaeth yng nghefn y gyfrol pa mor ddyledus yr wyf i'r awduron hyn.

Carwn ddiolch hefyd i swyddogion Cyngor Bro Morgannwg a Chyngor Bwrdeistref Pen-y-bont ar Ogwr am wybodaeth ynglŷn â thwristiaeth a datblygiadau diwydiannol yn y Fro.

Mae fy niolch yn fawr iawn hefyd i Angharad Davies Roberts am baratoi'r llawysgrif ar gyfer y Wasg. Mawr fu ei llafur. Diolch hefyd i swyddogion y Wasg hithau am eu hynawsedd a'u gofal wrth lywio'r gwaith i olau dydd.

Cyflwyniad

Gwlad gynhyrchiol, gyfoethog yn llawn o feysydd ffrwythlon ac o erddi a pherllannau oedd y Fro i Iolo Morganwg. Gwlad wâr, ddiwylliedig yn llawn o fwynder. Ac iddo ef ymestynnai Bro Morgannwg o afon Rhymni yn y dwyrain hyd at afon Afan yn y gorllewin. Calon y Fro, wrth gwrs, yw'r rhan honno sy'n gorwedd rhwng afon Elái ac afon Ogwr ac sydd i'r de o'r hen bwrtwai, sef yr A48. Dyma'r rhan a elwir Gwlad Morgan. Enwyd y rhanbarth ar ôl Morgan Mwynfawr, brenin a deyrnasai yma yn yr wythfed ganrif, a chyfeirir ati'n aml fel 'Gardd Cymru'. Meddai'r Athro Griffith John Williams amdani:

> . . . nid gwlad wastad mohoni ar y cyfan, ond gwlad weddol isel, donnog a thwynog, gyda rhai dyffrynnoedd llydain, ac ambell gwm cul, megis yn Llandochau'r Bont-faen ac yn Llancarfan; gwlad o gilfachau hyfryd, o droetffyrdd ac o lonydd culion, gyda'i phentrefydd bychain yn llathru yma a thraw.

Trwyddi rhed afonydd Elái, Ddawan, Ewenni ac Ogwr a llawer o nentydd a ffrydiau bychain eraill.

Bu pobl yn byw yma ers miloedd o flynyddoedd a gadawsant eu hôl ar y tirwedd. Mae'n wlad sy'n llawn o lecynnau hanesyddol ac mae ei thraddodiadau crefyddol a diwyliannol yn ymestyn yn ôl i'r chweched ganrif. Bu llawer iawn o hen deuluoedd o dras estron yn byw yma, teuluoedd a droes ymhen amser yn Gymry Cymraeg gan groesawu beirdd i'w cartrefi. Disgynyddion i'r marchogion a ddaeth gyda Robert Fitzhamon, gorchfygwr y dalaith yn y ddeuddegfed ganrif, oedd rhai ohonynt. Yma, yn y Fro, sefydlwyd y gyfundrefn Normanaidd ganddynt yn drylwyr gadarn. Codwyd y rhan fwyaf o gestyll Bro Morgannwg yn y ddeuddegfed ganrif, ac eithriadau'n wir yw cestyll o gyfnodau diweddarach. Amddiffynfeydd o bridd a choed oeddynt ar y cychwyn wrth gwrs, naill ai yr hyn a elwir yn gastell tomen a beili neu'r math a elwir yn amddiffynfa gylch. Ceir olion o'r ddau fath yn y Fro a chodwyd cestyll o garreg ar safle nifer ohonynt. Nid cadarnleoedd milwrol yn unig oedd y cestyll hyn; roeddent yn ganolfannau gweinyddol ac economaidd yn ogystal, a thrwyddynt daeth newidiadau gwleidyddol a chymdeithasol pellgyrhaeddol i Fro Morgannwg. Ffurfiwyd maenoriaethau ac fe atgyfnerthwyd yr afael oedd eisoes gan y Normaniaid ar y Fro drwy sefydlu bwrdeistref yn y Bont-faen, priordy yn Ewenni a thwr o eglwysi plwyf a phentrefi yma a thraw. Fel y sylwodd y Dr. R. T. Jenkins: 'daeth y faenor, y pentre hardd ffiwdalaidd a'i lecyn helaeth o dir glas, y "Tŷ Mawr" – a'r eglwys a'r persondy megis dan ei adain' yn rhan o batrwm y Fro. Daeth yn wlad teuluoedd megis 'y Twrbiliaid a'r Bassetiaid, y Stradlingiaid a'r Awbreyaid a'r Wyndhamiaid . . . gwlad y llinachau o offeiriaid aristocrataidd; gwlad y cyfreithwyr parchus llyfrgar (a chwilgar yn hynafiaethau eu bro); gwlad hen fwrdeistref y Bont-faen a'i hysgol glasurol hysbys, a *hen* dre fechan fonheddig Pen-y-bont'.

Ond nid dyna'r darlun cyfan. Yr oedd hefyd yn wlad Dafydd Williams,

Llyswyrny a Dafydd William, Llanbedr-y-Fro; Thomas William, Bethesda'r Fro a John Williams, Sain Tathan; Dafydd Jones, Llan-gan; Iolo Morganwg ac Edward Matthews, Ewenni.

Mae'n mynd yn ei flaen i synnu bod 'bywyd Cymreig mewn ffrâm Seisnig' wedi parhau yma am ganrifoedd lawer: 'Dau hen fywyd cyfochrog,' meddai. 'Nid yw'n hawdd amgyffred y peth.' Mynnai Iolo mai'r gyfundrefn faenoraidd gyda'r plwyfi bychain a'r llu pentrefi ynghanol caeau agored lle'r oedd y ffermwyr, y llafurwyr a'r crefftwyr yn byw yn agos at ei gilydd oedd yn gyfrifol am lawer o'r hen arferion y mae'n sôn amdanynt wrth draethu am 'Fwynder Morgannwg'.

Er mai gwlad amaethyddol oedd y Fro, roedd llawer o fân ddiwydiannau a gweithfeydd i'w cael hwnt ac yma ynddi hefyd. Roedd tanerdai, ffatrïoedd gwlân a bragdai yma a cheid chwareli a gwaith calch a llawer o grochendai yn ogystal. Ac mae rhai o'r rhain yn dal i weithio heddiw. Mae'r pentrefi a'r eglwysi, y cestyll a'r maenordai adfeiliedig i'w gweld yma o hyd er bod cryn dipyn o adeiladu a newid wedi digwydd mewn aml fan yn y Fro. Codwyd stadau diwydiannol a masnachol newydd mewn mannau pwrpasol ac adeiladwyd tai ac adnoddau eraill yn ôl yr angen i'r 119,000 sy'n byw yn ei 115 milltir sgwâr. O'r rhain mae dros 84,000

ohonynt yn byw yn ardaloedd trefol y Barri, Penarth, y Bont-faen a Llanilltud Fawr. Wrth gwrs, rhanbarth Seisnig ydyw erbyn heddiw er bod nifer sylweddol o Gymry Cymraeg yn byw yma – yn frodorion ac yn bobl ddŵad, ac mae cynnydd cyson yn y galw am addysg Gymraeg i'r plant.

Un newid a gaed yn ddiweddar oedd ffurfio awdurdod lleol newydd yn dwyn yr enw Bro Morgannwg. Mae'n cynnwys bron y cyfan o'r tir sydd rhwng afonydd Elái ac Ogwr ac sydd i'r de o draffordd yr M4. Ar gyfer y llyfryn hwn fe gynhwysir y diriogaeth honno yn ei chyfanrwydd ynghyd â rhai lleoedd ar ei ffin orllewinol a gogleddol sydd yn weinyddol y tu allan iddi. Ceisir osgoi tresmasu ar y rhanbarth tu hwnt i afon Ogwr, lle gorwedd Tir Iarll, cyn belled ag sy'n bosibl gan fod y diriogaeth honno'n haeddu cyfrol iddi hi ei hun. Ni fentrir ar draws afon Elái yn y dwyrain ychwaith. Mae deunydd cyfrol gyfoethog arall yn y fan honno ond cynhwysir ardal Trelái, sy'n rhan o Gaerdydd yn weinyddol ond sy'n perthyn i Wlad Morgan yn ddaearyddol a hanesyddol. Felly, croeso i Fro Morgannwg:

Bro hyglod a'i thraddodiad
Yn rhan o lên yr hen wlad.

Daeareg y Fro

Mae hanes creigiau'r Fro yn dechrau yn y cyfnod Silwraidd pan orweddai'r rhanbarth o dan ddyfroedd môr bas lle'r oedd tywod a mwd yn ymgasglu a lle'r oedd, o bryd i bryd, ddigonedd o greaduriaid yn byw. Dengys y ffosiliau fod y creaduriaid hyn yn cynnwys trilobitau, braciopodau a chwrel. Yn ystod y cyfnod hwn roedd gwaelod y môr yn suddo ond roedd y mewnlif o waddodion yn cadw'r dŵr yn fas hyd nes bod trwch sylweddol o ddeunydd at ffurfio craig wedi gwaelodi. Pan ddaeth y suddo i ben roedd y Fro yn rhan o aber fawr lle ceid llynnoedd bas ar wyneb crastir a ymestynnai i'r gogledd a dyma ddechrau cyfnod newydd yn hanes ffurfiant y Fro, sef y cyfnod Defonaidd.

O'r gwaelodion a ymgasglodd yn ystod y cyfnod hwn y ffurfiwyd tywodfaen a phridd cleiog. Yna, tua diwedd y cyfnod Defonaidd, bu ymsuddiant pellach a llifodd y môr mawr dros y rhan fwyaf o dde Prydain yn ogystal â'r Fro. Roedd y dŵr hwn yn weddol glir ac roedd cymaint o greaduriaid megis braciopodau, molysgiaid, cwrelau a lilïau môr ynddo nes bod eu plisg a'u hysgerbydau'n ffurfio cyfran sylweddol o'r gwaelodion a fu'n pentyrru. Y gwaelodion hyn a adnabyddir nawr wrth yr enw calchfaen carboniffferaidd ac a gloddir mewn chwareli ar gyfer cerrig sylfaen i ffyrdd ac ar gyfer gwneud calch.

Wedi i drwch mawr iawn o waelodion calchaidd ymffurfio, arafodd yr ymsuddiant a throes y môr – a oedd yn fasach erbyn hyn – yn iseldir corsog a orchuddiwyd ymhen amser â choedwigoedd. Gweddillion y coedwigoedd hyn oedd deunydd crai yr haenau glo oherwydd o bryd i bryd digwyddai ymsuddiadau pellach. Yn ogystal â gwythiennau glo, ffurfiwyd tywodfeini a cherrig clai yn ystod y cyfnod hwn.

Daeth cyfnod ffurfiant y creigiau hyn i ben pan ddechreuodd y tir symud gan ffurfio plygiannau mawr – bwâu a chafnau am yn ail â'i gilydd. Treuliwyd y bwa a oedd dros y Fro i ffwrdd bron yn gyfan gwbl, ar wahân i rimyn ar ei ffin ogleddol. Yn ystod y cyfnod hwn roedd y Fro unwaith eto yn rhan o grastir eang. Treuliwyd wyneb y tir yn awr gan wres ac oerfel a chludwyd cynnyrch y broses hon gan y gwynt, gan rym disgyrchiant ac weithiau gan ddŵr glawogydd llifeiriol gan ymgasglu o gwmpas godreon y bryniau. Dyma'r cyfnod Triasig. Unwaith eto bu ymsuddiant a llifodd y môr i mewn o gyfeiriad y de gan droi ambell fryn yn ynys. Ffurfiwyd clogwyni isel wrth i'r tonnau dorri ar ymylon yr ynysoedd hyn a throi'r gweddillion yn gerrig mân a ffurfio traethau. Tua chant a hanner o filiynau o flynyddoedd yn ôl y digwyddodd hyn.

Gorlifwyd y tir unwaith eto a dyma wawr y cyfnod Rhetig pan osodwyd rhagor o waelodion dros y creigiau hŷn. Cymharol denau, tua deg troedfedd ar hugain, yw'r haenau Rhetig hyn sy'n cynnwys llawer o esgyrn pysgod, ymlusgiaid a molysgiaid. Parhaodd yr ymsuddiant nes bod y rhan fwyaf o'r Fro o dan ddŵr môr, a dyma pryd y gwaelodwyd y calchfeini, y clai a'r cerrig clai a enwir gyda'i gilydd yn Lias. Dyma yw prif ddeunydd rhan ddeheuol y Fro heddiw.

Ceir y calchfaen llwyd yn haenau tenau am yn ail â haenau o'r cerrig clai tywyll. Mae'n weddol rwydd i gloddio'r graig hon a gwelir llawer ohoni wedi'i defnyddio i adeiladu tai, eglwysi ac ambell gastell. Mae'r calchfeini a'r cerrig clai – o'u cymysgu gyda'i gilydd – yn addas iawn ar gyfer cynhyrchu sment, fel y gwneir yn Aberddawan er enghraifft.

Wedi hyn daeth y cyfnod Jurasig a barhaodd am ryw gant a deg ar hugain miliwn o flynyddoedd pan suddodd y Fro, a llawer o Brydain yn ogystal, o dan y môr. Ond nid oes olion o'r cyfnod hwn yn y Fro gan fod y creigiau a ffurfiwyd bryd hynny wedi'u treulio'n llwyr yn ystod y cyfnod trydyddol cenosöig. Tua diwedd y cyfnod hwn eto suddodd y Fro unwaith yn rhagor o dan y môr. Dyma pryd y ffurfiwyd wyneb gwastad drosti. Erbyn hyn wrth gwrs mae'r wyneb hwnnw wedi'i rychu gan gymoedd dwfn a chul ac yn arbennig felly ger yr arfordir.

Y cyfnod nesaf yn hanes daearegol y Fro yw Oes yr Iâ, lai na miliwn o flynyddoedd yn ôl, pan guddiwyd rhanbarthau gogleddol y byd gan iâ. Ar hyd dyffrynnoedd Taf ac Elái llifodd afonydd iâ o'r haen iâ a orchuddiai'r rhan fwyaf o ganolbarth a de Cymru gan gyrraedd y Fro. Pan doddodd yr iâ gadawyd gweddillion creigiau a cherrig o wahanol faint ar yr wyneb a dyma sy'n esbonio'r clai caregog a'r graean mân sydd yma a thraw yn y Fro.

Felly, dechreuwyd gosod seiliau'r Fro yn y cyfnod Silwraidd gan barhau i'r cyfnod carbonifferaidd a chymerodd hynny ryw gant a deg ar hugain o filiynau o flynyddoedd mae'n debyg.

Aeth bron i hanner can miliwn o flynyddoedd heibio wedyn cyn i'r ail gyfnod o adeiladu'r creigiau ddechrau yn y cyfnod Triasig gan ymestyn i mewn i'r cyfnod Liasig. Cymerodd hyn oll bum miliwn ar hugain o flynyddoedd. Yna, gant a deg ar hugain o filiynau o flynyddoedd yn ddiweddarach dechreuodd y trydydd cyfnod – Oes yr Iâ, a daeth y cyfnod hwnnw i ben yn gyflym iawn o'i gymharu â'r cyfnodau eraill, sef mewn llai na miliwn o flynyddoedd.

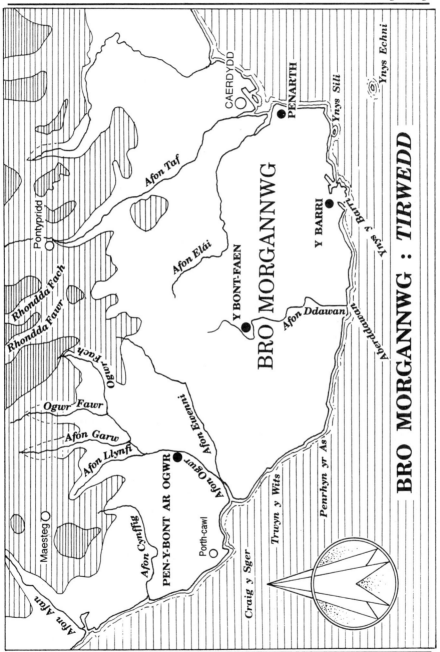

BRO MORGANNWG : *TIRWEDD*

Ddoe a Heddiw

Yn ôl haneswyr ceir ambell awgrym fod pobl o Hen Oes y Cerrig wedi bod yn hela ac yn casglu planhigion, aeron a ffrwythau eraill ym Mro Morgannwg er nad oes gennym dystiolaeth weladwy bendant o'u bodolaeth yma. Pan ddown at gyfnod canol Oes y Cerrig ceir digon o dystiolaeth fod pobl wedi bod yn crwydro dros y rhanbarth. Dyma'r cyfnod pan ddechreuodd rhewlifau Oes yr Iâ doddi a chilio tua'r gogledd a phan ddaeth yr arfordir presennol i fod. Mae offer carreg o'r cyfnod hwn wedi'u darganfod mewn sawl man ar hyd yr arfordir gan gynnwys Ynys y Barri. Gan fod y tywydd yn wlypach ac yn gynhesach nag ydyw heddiw, ymhen amser, gorchuddiwyd y wlad gan goedwigoedd o goed collddail.

Erbyn tua 4000 C.C. cyrhaeddodd y ffermwyr cyntaf – pobl Oes Newydd y Cerrig. Dechreuwyd torri'r coed ar raddfa eang fel y gallent hau eu barlys a'u gwenith ac er mwyn iddynt gael lle pori i'w gwartheg, defaid a' moch. Ychydig, mewn gwirionedd, a wyddys am yr amaethu ymgynhaliol hwn a hwyrach fod pobl wedi parhau i grwydro o le i le yn ystod y flwyddyn gan ddychwelyd i ryw ganolfan ar adegau arbennig. Byddai hela, pysgota a chynaeafu ffrwyth planhigion gwyllt yn sicr o fod wedi rhoi amrywiaeth i'w lluniaeth beunyddiol. Daethpwyd o hyd i nifer o'r bwyeill carreg a ddefnyddiai'r bobl hyn ym Mro Morgannwg megis yn Nhregolwyn, y Bont-faen ac yn Sain Ffagan. Cafwyd hyd i flaenau saethau callestr digon cywrain eu gwneuthuriad yn ogystal.

Eto, ychydig a wyddys am fannau preswyl y bobl hyn a'r brif dystiolaeth am eu presenoldeb yn y wlad yw eu siambrau claddu, sef beddrodau ar gyfer y gymuned gyfan neu ar gyfer aelodau o statws arbennig yn y gymuned honno. Adeiledid y rhain o gerrig enfawr gyda wal gerrig o'u cwmpas ac fel arfer roedd tomen o bridd a cherrig mân yn gorchuddio'r cyfan. Byddai'r fynedfa wrth ben dwyreiniol y gladdfa fel arfer ac oddi mewn ceid tramwyfa a siambr a fyddai fwy neu lai o siâp petryal lle gosodid esgyrn y meirwon. Erbyn hyn mae'r tomennydd pridd wedi'u herydu gan adael meini'r siambrau claddu yn y golwg uwch y tir. Ceir dwy enghraifft wych o'r siambrau hyn ym Mro Morgannwg sef un Tinkinswood ger Sain Nicolas a'r un yn Llwyneliddon. Yn ôl yr archeolegwyr fe ddefnyddid siambrau claddu fel y rhain dros gyfnod hir ac mae'n amlwg o edrych ar eu gwneuthuriad fod iddynt le pwysig ym mywyd y bobl.

Yn ystod yr ail fileniwm C.C. ymddangosodd offer metel am y tro cyntaf. Copor oedd y defnydd ar y dechrau ond yna cymysgwyd y copor ag alcam ac o wneud hynny gwawriodd y cyfnod a elwir yr Oes Efydd. Ar ddechrau'r cyfnod hwn roedd y tywydd yn fwynaidd a'r hafau'n dwym a sych. Ymddengys i ffermio defaid ddod yn bwysig a thyfid gwenith a barlys ar dir isel. Bu cynnydd sylweddol ym mhoblogaeth y wlad yn ogystal a dyma'r cyfnod y gwelwyd newid yn arferion claddu'r bobl. Ni ddefnyddid y siambrau claddu yn awr a chleddid y meirwon ar eu pennau eu hunain mewn beddrodau dan domennydd crwn o bridd a cherrig a hynny ar ôl i'r corff gael ei losgi. Arferid casglu'r esgyrn ynghyd a'u rhoi mewn llestr pridd. Ceir beddrodau o'r fath yn Llandŵ, Llanddunwyd ac yn Llanfleiddan. Dodid diodlestr bychan o bridd yn y beddrodau hyn, yn ogystal â bwyeill a chyllyll efydd.

Peth arall nodweddiadol o'r cyfnod hwn yw'r meini hirion a godwyd, er na wyddys i ba bwrpas yn union. Yn aml maent yn nodi man claddedigaeth a chafwyd esgyrn wedi'u llosgi o dan y maen hir ym Mhen-y-bont ar Ogwr.

O tua 1500 C.C. ymddengys bod yr arfer o godi beddrodau crwn newydd wedi dod i ben a'r hyn a wnaed bellach oedd defnyddio'r hen rai. Cyn diwedd y cyfnod, tua 1400 C.C., gwaethygodd yr hinsawdd gan droi'n oerach ac yn wlypach a gorfodi pobl i adael yr ucheldir a throi am yr iseldir. Dyma'r adeg y dechreuwyd yr arfer o godi amddiffynfeydd o amgylch yr aneddleoedd fel y gwnaed yng Nghoed y Cymdda, Gwenfô. Mae'r safle dros erw o faint ac fe'i codwyd rywbryd rhwng 900 ac 800 C.C. er bod y fangre wedi'i defnyddio ymhell cyn hynny a barnu oddi wrth y llestri y daethpwyd ar eu traws yno. Ceid safleoedd lle'r oedd pobl yn byw ynddynt heb yr un gwrthglawdd amddiffynnol o'u cwmpas yn ogystal, a cheid rhai felly yn Saint Andras a Molltwn. Erbyn diwedd y cyfnod hwn credir bod poblogaeth Cymru gyfan fwy na thebyg wedi'i threfnu'n nifer o lwythau a phob un ohonynt yn byw o fewn tiriogaeth benodol. Llwyth y Silwriaid a wladychai yn ne-ddwyrain Cymru, rhanbarth a gynhwysai Fro Morgannwg wrth gwrs.

Dyma'r cyfnod hefyd pan ddechreuodd haearn ddisodli efydd fel y metel a ddefnyddid amlaf ym mywyd bob dydd y boblogaeth ac felly dyma ddechrau Oes yr Haearn. Tua'r flwyddyn 600 C.C. y digwyddodd hyn ac o'r cyfnod hwnnw y daw'r broetshis haearn a ddarganfuwyd yn y twyni tywod ger Merthyr Mawr. Er nad oedd y Silwriaid ymhlith llwythau mwyaf blaengar y Celtiaid – ni ddatblygwyd crochenwaith gwahanol ganddynt ac nid oedd ganddynt eu harian eu hunain – gadawsant eu hôl ar y tirwedd trwy godi nifer sylweddol o safleoedd â gwrthgloddiau o'u hamgylch ar ben bryniau ac ar bentiroedd ar yr arfordir. Ceir enghreifftiau o'r rhain yn ardal Caerau ger Trelái, y Rhws, Dwn-rhefn, Marcroes, Llancarfan, Llanilltud Fawr, Llanfleiddan, Pen-coed ac ar Ynys Sili. O fewn y gwrthgloddiau ceid adeiladau crwn o bren o wahanol faint – rhai ar gyfer pobl ac eraill ar gyfer anifeiliaid ac i gadw offer, cnydau a defnyddiau eraill. Er bod cynnydd yn y defnydd a wneid o haearn a bod cynhyrchu haearn yn dod yn bwysicach, amaethyddiaeth oedd y brif elfen yn economi'r Fro.

Yn ystod y cyfnod yma bu'r Rhufeiniaid yma datblygodd amaethyddiaeth ymhellach. Sefydlwyd amryw o ystâdau â fila'n ganolbwynt i bob un, megis y rhai yn Nhrelái, Llanilltud Fawr a Llandochau. O gwmpas yr ystâdau hyn ceid ffermydd llai a cheid rhai o'r rhain yn Nhregatwg, Biglis ger Saint Andras, Dinas Powys a Llanbydderi. Mae llawer ohonynt ar safleoedd ffermydd Oes yr Haearn fel yn Whitton Lodge yng nghanol y Fro, a thrwy ganol y Fro âi'r ffordd Rufeinig o Gaerdydd i Gaerfyrddin. Gellir gweld lleoliad rhan ohoni'n glir iawn yng nghyffiniau'r Bont-faen oherwydd mae llinelliad yr A48 ar yr ochr orllewinol i'r dref yn union gyferbyn â'r hen ffordd Rufeinig, sef lôn fach gul sy'n dringo'r bryn ar ochr ddwyreiniol y dref. Ar lan y môr yn y Barri daethpwyd o hyd i leoliad adeilad helaeth o'r cyfnod hwn yn cynnwys deunaw neu bedair ar bymtheg o ystafelloedd. Mae'n bosibl fod a wnelo'r adeilad hwn ag amddiffyn yr arfordir rhag ymosodiadau gan Wyddelod neu hyd yn oed lwythau o'r cyfandir.

Ychydig iawn o dystiolaeth sydd i dwf crefydd yn y Fro ond rhaid bod sawl cwlt wedi cyrraedd yma gyda'r milwyr a'r swyddogion. Ni cheir unrhyw dystiolaeth berthnasol i ddyfodiad Cristnogaeth i'r ardal ychwaith, er bod agosrwydd ambell eglwys gynnar i aneddfeydd Rhufeinig yn awgrymu parhad yn yr arfer o grefydda yma. Y mae'n ddigon posibl fod trigolion olaf y fila yn Llanilltud Fawr yn Gristnogion. Er na ddaethpwyd o hyd i olion yr eglwysi cynharaf yn y Fro, yr hyn sy'n dystiolaeth o weithgarwch Cristnogol yma yn ystod cyfnod yr Oesoedd Tywyll yw'r cofebau maen o amrywiol ffurf a maint a ddarganfuwyd o bryd i'w gilydd. Daethpwyd o hyd i rai ohonynt gan Iolo Morganwg. Daw nifer ohonynt o safleoedd y gwyddom, o dystiolaeth ysgrifenedig, iddynt fod yn ganolfannau mynachaidd pwysig o fewn hen Eglwys y Cymry, e.e. Llanilltud Fawr, Llancarfan a Llandochau. Mae meini pwysig eraill i'w gweld wedyn yn Llangrallo a Merthyr Mawr. Wrth gwrs, gyda

dyfodiad y Normaniaid i'r Fro addrefnwyd hen ganolfannau eglwysig y Cymry'n llwyr.

Robert Fitzhamon oedd arweinydd yr ymosodiad ar Forgannwg a buan y goresgynnwyd y Fro. Sefydlwyd nifer o gestyll mwnt a beili neu amddiffynfeydd cylch yma ar y dechrau a chodwyd cestyll o garreg ar safleoedd rhai ohonynt yn ddiweddarach. Yn ogystal â meddiannu'r tir roedd y Normaniaid am gael rheolaeth ar yr eglwys hefyd. Sefydlwyd esgobaeth â'i chanolfan yn Llandaf; rhannwyd y diriogaeth yn blwyfi a daeth yr eglwysi plwyf wedi'u hadeiladu o garreg i fod – eglwysi megis rhai Llanfleiddan, Llancarfan, Llanilltud Fawr, Sain Tathan a Saint Hilari. Sefydlwyd priordy Benedictaidd yn Ewenni yn ogystal.

Dyma pryd y datblygodd y pentrefi cnewyllol sydd mor nodweddiadol o'r Fro a daeth bywyd trefol i le megis y Bont-faen, ac i raddau llai, i Lanilltud Fawr. Gydag amser cymerodd y maenordy le'r castell fel canolfan weinyddol yr ystâdau ac weithiau fe fyddai ffos yn ei amgylchynu fel yn achos Llyswyrny a Highlight ger y Barri.

Yn ystod yr unfed ganrif ar bymtheg ffurfiwyd sir Forgannwg ac roedd i'w gweinyddu gan siryf, dirprwy raglaw ac Ustusiaid Heddwch. Cafodd y Bont-faen ei Haelod Seneddol hefyd. Dyma gyfnod y Diwygiad Protestannaidd a diddymu'r mynachlogydd. Cododd dosbarth newydd o dirfeddianwyr bonheddig a chodwyd tai newydd gan rai ohonynt megis Cwrt Trefflemin, plas Llanfihangel y Bont-faen a Chwrt Llansanwyr. Bu eraill yn addasu ac yn ehangu tai a oedd yn bod gynt megis Sain Dunwyd a'r Bewpyr. Codwyd ffermdai cadarn a sylweddol yn ogystal fel y tystia adeilad tafarn y *Blue Anchor* yn Aberddawan, To Hesg yn Llanilltud Fawr a *Breach* yn Llanfleiddan.

Yn yr ail ganrif ar bymtheg dechreuwyd cau'r tir agored fel y gwnaed ar ystâd Ffwl-y-mwn a maenor y Barri. Amaethyddiaeth oedd y brif elfen yn economi'r Fro o hyd ac mae'r ysguboriau mawr yn tystio i bwysigrwydd codi ŷd, gwenith a barlys. Parhau wnaeth y broses o gau'r tir yn y ddeunawfed ganrif a gwelwyd tuedd i ffermydd ehangu drwy gydio mwy nag un fferm yn ei gilydd. Y ddeunawfed ganrif ynghyd â'r bedwaredd ganrif ar bymtheg oedd cyfnod y Chwyldro Diwydiannol wrth gwrs ac er mai ym Mlaenau Morgannwg ac yng Nghaerdydd y gwelwyd y newid a'r datblygiad mwyaf, yn enwedig yn y bedwaredd ganrif ar bymtheg, fe welwyd effaith y chwyldro yn y Fro yn ogystal. Agorwyd doc newydd ym Mhenarth yn 1865 ac ehangwyd y rheilffordd i'r dref. Chwyddodd y boblogaeth o 1,400 yn 1861 i 13,000 erbyn 1891. Yn 1884 ffurfiwyd *The Barry Dock and Railway Company.* Agorwyd y doc cyntaf yn y Barri yn 1889 a'r ail yn 1898 er mwyn allforio glo o'r cymoedd. Rhaid oedd wrth reilffyrdd i'w gludo i'r porthladd a dyma pryd y daeth Rheilffordd Bro Morgannwg i fodolaeth ac y codwyd y draphont odidog ym Mhorthceri. Yn 1881 rhyw 85 o bobl oedd yn byw yn y Barri. Erbyn 1921 roedd 39,000 yn byw yno. Bu raid adeiladu tai yn gyflym ar eu cyfer a gwelwyd yn ogystal godi adeiladau cyhoeddus trawiadol –

llyfrgelloedd, ysbytai, theatrau, neuaddau tref, ysgolion ac ati. Codwyd capeli ac eglwysi newydd ym Mhenarth ac yn y Barri yn ystod y cyfnod hwn yn ogystal. Gwelwyd newid ym mhentrefi ac ar ffermydd y Fro hefyd oherwydd fe adawodd llawer o'r hen drigolion, a nifer o Gymry Cymraeg yn eu plith, am y gweithfeydd yn y cymoedd neu'r trefi glan môr lle'r oedd cyflogau gwell i'w cael. Daeth pobl o Wlad yr Haf, Dyfnaint, sir Gaerloyw a mannau eraill yn Lloegr i gymryd eu lle a dechreuwyd ar y broses o Seisnigo'r Fro. Lleihau wnaeth gwasanaethau Cymraeg y capeli a'r eglwysi nes peidio'n gyfan gwbl yn y rhan fwyaf o leoedd erbyn blynyddoedd cynnar yr ugeinfed ganrif megis yn Zoar, Gwenfô ac Eglwys Sain Siorys. Amaethyddiaeth, wrth gwrs, oedd prif gynhaliaeth y Fro o hyd ond fe gaed newid pwyslais ar y ffermydd. Bu codi gwenith ar raddfa eang yma unwaith ond nawr gwelwyd y ffermydd yn troi at fagu gwartheg er mwyn diwallu'r galw am laeth yn y canolfannau diwydiannol.

Yn ystod blynyddoedd y dirwasgiad, gyda chymorth y llywodraeth, prynwyd tir yn Nhrebefered a Llan-gan er mwyn cynnig gwaith ar y tir i lowyr di-waith o'r cymoedd. Yn Nhrebefered daeth deg a thrigain o lowyr, ynghyd â'u teuluoedd, i weithio ar y tir ac ar ôl cyfnod o fyw mewn cytiau dros dro codwyd tai addas ynghyd â neuadd bentref iddynt. Trefnwyd Ysgol Sul i'r plant ac fe'u cludid i'r ysgol ddyddiol yn Llanilltud Fawr mewn bws. Cyn belled ag yr oedd yn bosibl disgwylid i'r gymuned hon fod yn hunangynhaliol a megid gwartheg, defaid, moch ac ieir ar gyfer eu gwerthu. Codid bwydydd i'r anifeiliaid hyn yn ogystal â llysiau gardd i'w gwerthu'n lleol ac mewn amryw leoedd eraill yn y deheudir.

Sefydlwyd planhigfa Taironnen yn 1936, ryw dair milltir i'r dwyrain o'r Bont-faen ac oddi yma y deuai'r coed ar gyfer coedwigoedd y Comisiwn Coedwigo, ac roedd wyth o'r rheiny ym Morgannwg ei hun ar un adeg. Er codi 39 o dai ar gyfer y gweithwyr gwreiddiol, gydag amser, gwaith tymhorol i wragedd a geid yma yn bennaf. Daeth y cysylltiad â'r Comisiwn Coedwigo i ben yn ystod y saithdegau a thyfu coed ar gyfer y Nadolig a wneir yno bellach.

Yn ystod yr Ail Ryfel Byd codwyd ffatri ffrwydron y tu allan i Ben-y-bont ar Ogwr a chafodd miloedd o bobl, yn ddynion a merched, waith yno. Codwyd meysydd awyr yn y Rhws, Sain Tathan ac yn Llandŵ yn ogystal, a daeth dylifiad o estroniaid i mewn i'r Fro unwaith eto. Bu raid codi tai iddynt ac ysgolion i'w plant ynghyd â sicrhau bod darpariaethau digonol ar gyfer eu lles a'u budd. Wedi'r Ail Ryfel Byd gwelwyd codi tai ar hyd a lled y Fro a chynyddodd poblogaeth sawl pentref a thref yn sylweddol. Daeth yn ffasiynol i bobl broffesiynol fyw yn y Fro a theithio'n ddyddiol i'w gwaith yn y trefi cyfagos. Boddwyd ambell bentref gan newydd-ddyfodiaid a newidiwyd holl natur ac awyrgylch lleoedd hynafol a hanesyddol. Nid yw'r broses hon wedi dod i ben yn llwyr eto a chodir tai newydd yma a thraw yn y Fro o hyd. Yn aml tai crand, haerllug, ymwthgar a godir nad ydynt mewn gwirionedd yn gweddu i'r tirwedd nac i liw a llun y pentrefi gwreiddiol. Llyncwyd mwy a

mwy o dir amaethyddol bras gan ddiwydiant a byd masnach yn ogystal ac mae hynny wedi sicrhau bod yma economi digon llewyrchus.

Wrth gwrs, bu chwareli o wahanol faint ac ansawdd yn y Fro ar hyd y canrifoedd megis y rhai ym Mhen-y-bont ar Ogwr, Caerau, Penarth, y Rhws ac Aberddawan, a bu masnach forwrol yma ers cyfnod cynnar iawn. Datblygwyd dociau newydd pwrpasol yn y Barri ac ym Mhenarth yn y bedwaredd ganrif ar bymtheg i allforio glo o'r cymoedd. Yng nghyffiniau'r dociau hyn erbyn heddiw, yn enwedig yn y Barri a ger Sili, datblygodd amrywiaeth o ddiwydiannau a ffatrïoedd. Ceir cymhlethfa o ddiwydiannau cemegol yma megis gweithfeydd *BP, Dow Corning, Zeon* a *Cabot Carbon* a chynhyrchir amrywiaeth o ddeunyddiau ynddynt megis deunydd sy'n atal plastig rhag cynnau a mynd ar dân a resin PVC. Gwneir yma hefyd rwber sinthetig, polystyren a silica mygedig ar gyfer pethau megis gludiau, selwyr, nwyddau fferyllol a chosmetig. O silicon gwneir deunydd ar gyfer insiwleiddio cartrefi ac fe'i defnyddir hefyd i wneud bocsys bwyd, cwpanau a phlatiau tafladwy yn ogystal â theganau a chasys ar gyfer fideos a chryno ddisgiau.

Ceir ystadau masnach yn y Barri, Llandochau, Palmerston ger Tregatwg a Llandŵ ac ystadau diwydiannol ym Mhenarth a ger Palmerston. Ar ben hyn ceir parciau busnes yn y Barri, Llandŵ ac ar gyrion Penarth ac mae parc busnes newydd yn cael ei ddatblygu ger Maes Awyr Rhyngwladol Caerdydd yn y Rhws – maes awyr sy'n cael ei wella a'i ehangu'n barhaus. Yn ddiweddar cododd *British Airways* adeilad enfawr ger y maes awyr ar gyfer gwneud gwaith cynnal a chadw ar awyrennau masnachol 747.

Ar yr ystâdau masnach a'r parciau busnes cynhyrchir ystod eang o nwyddau yn cynnwys cyfrifiaduron, cyfarpar i ysbytai milfeddygol, deunyddiau adeiladu o bob math, setiau radio a theledu a chyfarpar cyfathrebu. Ym Mhenarth adeiladir cychod a rhaid cofio mai yma yn y Fro y cynhyrchir yr anadliedydd, neu'r 'swigan lŷsh' fel y'i gelwir weithiau!

Diflannodd y prysurdeb mawr o ddociau'r Barri ers blynyddoedd bellach ac mae'r perchenogion, *Associated British Ports*, eisoes wedi clirio 190 erw o gwmpas Doc Rhif Un ar gyfer datblygu'r safle. Gobeithir codi tai, siopau a chanolfannau busnes a masnach ynghyd â chyfleusterau hamdden yno. Er y lleihad yng ngweithgarwch y dociau mae darpariaethau ardderchog yno o hyd ar gyfer trin a thrafod llwythi cargo cyffredinol ac yn arbennig felly lwythi o ffrwythau. Fe fu'r Barri'n enwog am fewnforio bananas o Ynysoedd India'r Gorllewin tan yn ddiweddar cyn i gwmni *Geest* benderfynu symud ar draws Môr Hafren i borthladd Avonmouth.

Yn 1991 agorodd cwmni *Robert Bosch* ffatri yng ngogledd y Fro ger Hensol yn ymyl cyffordd 34 o'r M4. Cynhyrchu eiliaduron ar gyfer y diwydiant ceir a wneir yma. Yng ngorllewin y Fro mae ffatri ar gyfer cynhyrchu peiriannau moduron gan gwmni *Ford*. Agorwyd y gwaith hwn yn 1980. Bu ffatri *Sony* ger Pen-coed er 1973 a'r datblygiad hwn oedd y

buddsoddiad mawr cyntaf gan gwmni Siapaneaidd yng Nghymru.

Wedi'r Ail Ryfel Byd gwnaed defnydd o'r hen ffatri ffrwydron ar gyrion Pen-y-bont ar Ogwr i greu stad fasnachol. Denwyd llawer o gwmnïau yma a chynhyrchwyd amrywiaeth o bethau yn y ffatrïoedd gan gynnwys esgidiau, fflasgiau *Thermos*, teganau, celfi tŷ, llestri gwydr, gwadnau a sodlau rwber a hyd yn oed feiolinau. Gwnaed cymalau pelen a soced o blastig ar gyfer y byd meddygol yma'n ogystal. Erbyn heddiw mae dros gant ac ugain o unedau ar Stad Ddiwydiannol Pen-y-bont ar Ogwr lle cynhyrchir ymhlith llu o bethau ffenestri, celfi swyddfa, dodrefn tŷ, gwyntyllau, offer llwytho mecanyddol, grisiau ac ysgolion metel, offer puro dŵr ac ati. Cynigir pob math o wasanaeth i ddiwydiannau ac i'r cyhoedd yma gan gynnwys argraffu, peirianyddiaeth uwch, defnyddiau adeiladu, pob math o ddefnyddiau pacio a defnydd insiwleiddio. Nid hon yw'r unig stad ddiwydiannol yn yr ardal erbyn hyn. Ceir un arall ar gyrion dwyreiniol y dref yn Waterton lle cynhyrchir siocled a melysion, llyfrau, offer technegol a pheiriannau ceir. Mae stad hefyd ym Mracla yn ogystal â Pharc Gwyddoniaeth lle cynhyrchir, ochr yn ochr â phethau eraill, offer a deunyddiau technegol soffistigedig ar gyfer y diwydiant cynhyrchu lledddargludyddion a thransistorau.

Ond er yr holl ddatblygiadau hyn y mae amaethyddiaeth yn dal yn bwysig o hyd. Mae yma bron i chwe chant o ffermwyr a rheolwyr fferm a'r rheiny'n cyflogi ychydig dros fil o weithwyr. Dengys y ffigurau a'r manylion

swyddogol diweddaraf a gyhoeddwyd
beth yw patrwm a phwyslais y ffermio:

Tir âr – 18,812 erw
Tir glas – 34,719 erw

Gwartheg godro – 6,261
Gwartheg stôr – 2,458
Defaid – 80,273

Fel erioed, y mae graen ar y ffermio
yma ac mae'r Fro yn dal yn llawn swyn
a chyfaredd ac yn ein denu o hyd i
deithio ar hyd y rhwydwaith cymhleth o
ffyrdd cul a throellog sydd mor
nodweddiadol ohoni.

Dedwydd rhwng mynydd a môr,
Gwlad iraidd yn gled oror;
Bro fad deg wastad ei gwedd,
Dymunol olud y mwynedd.

Seintiau'r Fro

Mae enw'r nawddsant y cysegrwyd eglwys iddo neu iddi yn aml yn gallu cynnig i'r ymwelydd ychydig bach o hanes yr eglwys yn ogystal ag awgrym o ddyddiad ei sefydlu. Ac mae hyn yn amlach na pheidio yn wir am rai o eglwysi Bro Morgannwg.

O edrych ar yr enwau sylwodd R.W.D. Fenn eu bod yn ymrannu'n bum dosbarth: y seintiau Gwyddelig sef Tathan, Ffagan, Brynach a Dyfan; y seintiau brodorol megis Cadog, Baruc, Illtud, Canna, Crallo a Dochwy neu Dochau; yr eglwysi a enwyd ar ôl Mihangel; yr enwau a osododd y Normaniaid ar eglwysi – y Forwyn Fair, Sant Pedr, Sant Ioan, Sant Awstin, Sant Andreas, Sant Nicolas, Sant Hilari, Sant Lawrence a Sant Ffraid neu Brid; ac yna'r seintiau megis Curig, Tudful a Bleiddan na wyddom fawr amdanynt ynghyd â'r seintiau na wyddom ddim oll i sicrwydd yn eu cylch – Owain, Dunwyd a Sanwyr.

Er i'r Eglwys yng Nghymru ddathlu, yn 1980, ddyfodiad Cristnogaeth i'n gwlad 1800 o flynyddoedd ynghynt, y gwir amdani yw na wyddom na sut na phryd y daeth Cristnogaeth i Gymru nac ychwaith ymhle yr ymddangosodd am y tro cyntaf. Rhaid bod rhai Cristnogion ymhlith milwyr a swyddogion y fyddin Rufeinig a cheir awgrym yn y traddodiad am ferthyrdod Julius ac Aaron ger Caerllion ar Wysg fod elfen Gristnogol ymhlith pobl de-ddwyrain Cymru yn weddol gynnar. Ond go brin, yn ôl barn arbenigwyr yn y maes, i'r Gristnogaeth a ddaeth yma gyda'r Rhufeiniaid barhau wedi i Macsen Wledig fynd â'i fyddin oddi yma yn 383. Dangosodd y Dr V.E. Nash-Williams, yn ei astudiaeth o'r cerrig arysgrifedig Cristnogol o'r bumed a'r chweched ganrif, i Gristnogaeth gyrraedd Cymru o'r newydd wedi ymadawiad y Rhufeiniaid, a hynny o'r gorllewin – o Gâl ac o Iwerddon. Ond mae gennym hanesion eraill yn ogystal am ddyfodiad Cristnogaeth i'n plith.

Sonia Beda yn ei Gronicl, a ysgrifennwyd tua 725, am y brenin Lucius yn anfon am genhadon at y Pab Eleutherius (175-192). Mae'n debyg fod nodyn tebyg wedi'i gofnodi mewn llawysgrif o'r nawfed ganrif sydd ynghadw yn y Fatican ond na sonnir am genhadon yn hwnnw. Ni sonia Gildas, a ysgrifennai yn y chweched ganrif, yr un gair am y traddodiad hwn. Mae'n amlwg na wyddid am y traddodiad yn na Phrydain na Rhufain tan tua diwedd y seithfed ganrif. Lluniwyd yr hanesyn yn Rhufain er dangos awdurdod Eglwys Rufain dros yr Eglwys ym Mhrydain. Yn y ddeuddegfed ganrif cydiodd Sieffre o Fynwy yn y stori gan ychwanegu ati. Yn ôl Sieffre anfonodd y Pab Eleutherius – ar gais y brenin Lucius – ddau esgob, sef Faganus a Duvanus, i Brydain i ennill y bobl i'r ffydd Gristnogol. Dywedir hefyd i Lucius droi temlau paganaidd yn eglwysi Cristnogol gan sefydlu wyth ar hugain o esgobaethau a thair archesgobaeth.

Yn llawysgrifau Iolo Morganwg y ceir ffurf lawnaf y traddodiad. Yma try Lucius yn Lleurwg, y gwelir ei enw yn Llaneirwg! Ef oedd brenin Ynys Prydain a dywedir mai yn Llandaf yr oedd yn byw! Roedd am fod yn Gristion ac apeliodd at y Pab

Eleutherius i anfon athrawon yma. Danfonwyd pedwar o genhadon i Brydain – Dyfan, Ffagan, Medwy ac Elfan. Gwnaed Dyfan yn esgob yn Rhufain a'i ddanfon i fedyddio'r Cymry gan nad oedd neb o blith y Cymry wedi'i fedyddio cyn hynny. Er mwyn ceisio esbonio'r enw Merthyr Dyfan dywedir mai yno, lle'r oedd yn esgob, y lladdwyd ef gan baganiaid y lle. Wrth gwrs, ystyr Merthyr yma yw claddfa – man claddu'r sant – a daw o'r gair Lladin *martyrium*.

Y tebyg yw mai'r sant Gwyddelig Dyfan a goffeir yn yr enw ac er na nodir ei ŵyl yn y calendrau eglwysig Cymraeg fe'i cysylltir â mis Ebrill a mis Mai mewn calendrau eraill. Dylid nodi mai mynwent gron sydd o gwmpas eglwys Merthyr Dyfan – arwydd o sefydliad cynnar iawn.

Ychydig a wyddys am Ffagan ond honnir ei fod ef, gyda Tathan, yn un o athrawon Gwyddelig Sant Cadog neu Gatwg yng Nghaer-went yn y bumed ganrif. Dywedir yn ei fuchedd mai yn Iwerddon y ganed Tathan, yn fab i'r brenin Tathalius neu Tuathal. (Mae'n bosibl mai ymhlith Gwyddyl gogledd Cymru y teyrnasai'r brenin hwn.) Er mai chwedlonol yw'r rhan fwyaf o'r manylion ym Muchedd Tathan dywedir iddo ymsefydlu yng Ngwent a chodi eglwys ac ysgol wedi i Garadog, brenin Gwent, roi tir iddo yng Nghaerwent. Mae rhai archeolegwyr wedi honni mai olion y sefydliad addysgol eglwysig a gododd Tathan yng Ngaerwent yw olion yr eglwys ôl-Rufeinig y daethpwyd o hyd iddynt yno. Tathan yw nawddsant Caer-went ac ef oedd nawddsant lle o'r enw Llanfeuthin ym mhlwyf Llancarfan yn ogystal â'r

pentref sy'n dwyn ei enw. Diflannodd Llanfeuthin ac nid yw ond enw ar ffermdy erbyn hyn. Cedwid ei ŵyl ar Ragfyr 26ain.

Ceir un eglwys yn y Fro wedi'i chysegru i Sant Brynach, sef eglwys blwyf Pen-llin. Gwyddel oedd Brynach a gysylltir â sir Benfro ac â Nanhyfer yn fwyaf arbennig lle'r adroddir llawer o draddodiadau amdano ef a'r eglwys yno. Arferai ddal cymundeb â'r angylion meddid a choffeir hynny yn enw'r bryn Carn Ingli, sef Carn yr Angylion. Yn y fynwent yno y canai'r gog gyntaf yng Nghymru a hynny ar ddydd gŵyl y sant, Ebrill y 7fed. Roedd ganddo'r gallu hefyd i siarad ag anifeiliaid ac adar. Tynnid ei gert gan geirw gwyn a gofelid am ei hoff fuwch gan flaidd dof. Bu farw, meddir, yn Braunton, Dyfnaint.

Y pennaf o'r seintiau brodorol yn y Fro oedd Cadog. Yn yr hanes a geir yn ei fuchedd, a ysgrifennwyd gan fynach Normanaidd o'r enw Lifris, roedd yn fab i Gwynllyw, brenin y rhan o dde-ddwyrain Cymru a elwid Gwynllŵg, a Gwladus, merch Brychan, brenin Brycheiniog. Dywedir iddo deithio i Gernyw a Llydaw yn ogystal â theithio i'r Alban ac Iwerddon. Y gwaith enwocaf a gyflawnodd oedd sefydlu mynachlog Llancarfan. Roedd yn enwog am ei ddysg a'i wybodaeth ac am ei waith fel athro. Mae dosbarthiad yr eglwysi a gysegrwyd iddo'n dangos cylch ei ddylanwad ef a'i ddilynwyr. Ceir eglwysi iddo yn ne-ddwyrain Cymru, yn sir Fôn, yn Llydaw, yng Nghernyw ac yn yr Alban.

Ysgrifennwyd buchedd arall iddo yn ogystal gan Caradog o Lancarfan, ond fersiwn o destun gwreiddiol Lifris ydyw.

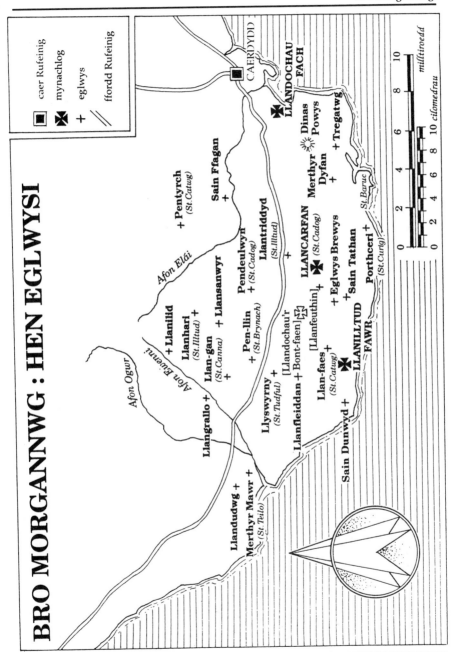

BRO MORGANNWG : HEN EGLWYSI

Adroddir iddo gael ei gludo ar gwmwl i Beneventana yng ngogledd yr Eidal lle gwnaed ef yn esgob. Yn ôl Lifris fe'i lladdwyd yno wrth ganu'r offeren ond yn ôl Caradog o Lancarfan marw'n naturiol yn hen ŵr a wnaeth. Cedwid ei ŵyl ar Fedi'r 25ain.

Sant brodorol arall oedd yn amlwg yn ail hanner y bumed ganrif oedd Illtud. Ym Muchedd Samson, a ysgrifennwyd ar ddechrau'r seithfed ganrif, dywedir ei fod yn ddisgybl i Garmon o Auxerre a phwysleisir ehangder a dyfnder ei ddysg. Sefydlodd ysgol yn Llanilltud Fawr a disgyblion iddo, ymhlith cannoedd o rai eraill, oedd Samson, Sant Pawl Aurelian, Gildas a Dewi Sant. Yn ei fuchedd, a luniwyd yn y ddeuddegfed ganrif ac nad oes fawr ddim gwerth hanesyddol iddi, dywedir mai gŵr o Lydaw ydoedd. Bernir nad Llydaw Cyfandir Ewrop a olygir ond Llydaw Cymru – Letavia – rhywle yn neddwyrain Cymru. Ym Muchedd Cadog fe'i disgrifir fel cyn-filwr. Yn neddwyrain Cymru – yn enwedig yn sir Forgannwg, Gŵyr a sir Frycheiniog – y ceir yr hen eglwysi sy'n arddel ei enw. Mae Llanelltyd ger Dolgellau wedi ei enwi ar ei ôl a cheir eglwysi wedi'u cysegru iddo yn Llydaw'r Cyfandir yn ogystal. Ar Dachwedd y 6ed y cedwid ei ŵyl.

Honnir bod Baruc yn ddisgybl i Sant Cadog ac iddo ymsefydlu ar Ynys y Barri a byw yno fel meudwy. Yno y bu farw yn ôl un traddodiad a daeth ei gapel yn gyrchfan i bererinion. Mae John Leland yn sôn am hyn yn y nodiadau a wnaeth pan deithiai drwy Gymru rhwng 1536-1539. Traddodiad arall yw hwnnw sy'n dweud iddo gael ei gladdu yn Fowey, Cernyw. Dydd ei ŵyl yw Medi'r 27ain.

Dywedir bod y Santes Canna, y cysegrwyd eglwys Llan-gan iddi, yn ferch i Tewdwr Mawr, mab Emyr Llydaw. Bu'n briod â Sant Sadwrn a hwy oedd rhieni Sant Crallo a goffeir yn Llangrallo ger Pen-y-bont ar Ogwr. Iddi hi y cysegrwyd yr eglwys yn Llangan, sir Benfro hefyd. Honnid mai hi a bortreadir mewn cerflun o'r bymthegfed ganrif yn eglwys Biwmares, sir Fôn.

Yn ogystal â Llancarfan a Llanilltud Fawr roedd trydedd fynachlog enwog ym Mro Morgannwg, sef Llandochau. Am Dochau neu Dochwy, ychydig a wyddom a does fawr o werth i'r wybodaeth honno. Ceir ei enw mewn rhestr o saith ar hugain o seintiau y dywedir i Sant Cadfan eu harwain o Lydaw i Gymru. Daw'r rhestr o lawysgrifau sy'n gynharach na'r unfed ganrif ar bymtheg ac fe geir y rhestr yn llawysgrifau Iolo Morganwg hefyd, ac yno, ychwanegwyd pob math o 'wybodaeth bellach'! Bwriad lluniwr y rhestr oedd dangos bod nifer o seintiau – y ceid eglwysi wedi'u cysegru iddynt yng Nghymru – yn perthyn i'w gilydd ac yn ddisgynyddion, bob un, i arwr traddodiadol sef Emyr Llydaw. Canolfan wreiddiol Dochau oedd Llandochau'r Bont-faen ond symudwyd i Landochau Fach ger Penarth. Caewyd y fynachlog hon gan y Normaniaid a throsglwyddwyd ei heiddo i Abaty Tewkesbury.

Yn ystod y ddegfed ganrif a'r unfed ganrif ar ddeg, cyn dyfodiad y Normaniaid, daeth cwlt Sant Mihangel yr Archangel yn boblogaidd yng Nghymru. Yn y dwyrain y dechreuodd y cwlt ac adeiladwyd eglwys iddo yng Nghaer Gystennin. Cysegrwyd ffynhonnau iddo yng ngwlad Groeg a phan ymddangosodd rhith ohono yn ne-ddwyrain yr Eidal yn y bumed ganrif lledodd ei gwlt i'r gorllewin. Bu'n boblogaidd ym Mhrydain ers yn gynnar a chyfeiria Beda at le yn Hexham oedd wedi'i gysegru iddo. Erbyn y ddegfed ganrif cyrhaeddodd Gymru ac ym Mro Morgannwg ceir Llanfihangel y Bont-faen, Llanfihangel-ar-Elai a Llanfihangel-y-pwll. Dethlid ei ŵyl ar Fedi'r 29ain.

Gyda dyfodiad y Normaniaid diddymwyd y sefydliadau eglwysig Cymreig a dechreuasant sefydlu abatai a phriordai a mynachlogydd yn ôl y patrwm Normanaidd. Roedd ganddynt eu hoff seintiau eu hunain a phan godid eglwysi newydd yn y Fro cysegrwyd hwy i'r seintiau hynny. O'r herwydd cawn enwau megis Llanbedr-y-fro, Saint Andras ac eglwysi'n dwyn yr enwau Sant Lawrence (Larnog) a Sant Augustine (Penarth). Gwelir dylanwad y croesgadwyr mewn enwau eglwysi megis Sant Ioan, Sant Siorys, Sant Nicolas a Sant Hilari. Dylanwad y Normaniaid yw'r eglwys sy'n dwyn enw'r Forwyn Fair a hefyd enw'r Wyddeles Brid.

Erys enwau seintiau nad oes fawr o wybodaeth amdanynt. Cysegrwyd eglwys Llyswyrny i'r Santes Tudful – un o ferched Brychan Brycheiniog y dywedir ei bod yn byw yn niwedd y bumed ganrif. Nid oes nemor ddim yn wybyddus amdani ond dywedodd Iolo Morganwg iddi gael ei lladd gan baganiaid pan oedd yn ymweld â'i thad. Mae'n ddigon posibl mai stori i esbonio'r enw Merthyr Tudful yw hon wrth gwrs. Mewn llyfr o waith Charles Wilkins, *Tales and Sketches of Wales* a gyhoeddwyd yn 1879, dywedir iddi gael ei lladd gan y Pictiaid. Yn ôl awdur arall, T.J.Ll. Prichard yn *Heroines of Welsh History,* roedd ei thrigfan tua phum milltir o Ferthyr Tudful. Fel y gwelir, po ddiweddaraf y ffynhonnell, mwyaf oll o 'ffeithiau' a roir!

Mae cryn ddryswch ynghylch Curig, nawddsant Porthceri'n ogystal. Canol y chweched ganrif oedd ei gyfnod meddir a honnir mai o Lydaw y deuai a'i fod yn un o ddilynwyr Sant Illtud. Mae'n enwog fel nawddsant Llangurig a Chapel Curig ond bregus ac amheus yw'r hyn a wyddys amdano gan y cymysgwyd rhyngddo a'r plentyn Cyriacus a laddwyd gyda'i fam Julita yn ystod erledigaeth Diocletian tua 304. Mae cryn ddryswch ynglŷn ag Ilid y ceir ei henw yn Llanilid hefyd. Honnir ei bod yn ferch i Brychan Brycheiniog gan rai, tra cred eraill mai enw lle ydyw ac mai enw ar batrwm Llandaf a Llanymddyfri ydyw Llanilid. Ynglŷn â Sanwyr, y cysegrwyd Llansanwyr iddo, dywedir mai mab Seithenyn, ceidwad meddw llifddorau Cantre'r Gwaelod ydoedd. Ai'r meudwy o'r seithfed ganrif, Giles o Brofens, a ddaeth yn ffefryn y Benedictiaid yw'r gŵr y mawrygir ei enw yn Silstwn, neu ynteu ŵr lleol o'r un enw a ganoneiddiwyd yn ddiarwybod? Y mae cryn ansicrwydd.

Aeth Sant Dunwyd yn drech na'r arbenigwyr Baring-Gould a Fisher er iddynt ei osod yn yr un cyfnod â Cadog a Tathan am ryw reswm. A phwy oedd Owain nawddsant Ystradowen? Hwyrach mai gŵr o'r enw hwnnw a roes dir i godi eglwys arno ydoedd, ac nid gŵr eglwysig.

Ond er pob dryswch a diffyg ffeithiau mae un peth yn sicr, sef bod enwau Sant Baruc a Sant Curig yn fyw iawn ar dafodau plant a rhieni'r Barri heddiw gan mai dyna enwau'r ddwy ysgol gynradd Gymraeg yn y dref.

Môr-ladron, Smyglwyr a Llongddryllwyr

Roedd arfordir Môr Hafren yn lle delfrydol gynt i fôr-ladron lechu oddi arno cyn ymosod ar y llongau a hwyliai i Fryste, sef y porthladd nesaf o ran pwysigrwydd a maint i Lundain.

Mi welais long ychrydus,
Gan daled oedd ei mastys,
Yn hwylio'n braf tua Brysta'n llin
Â lodin o'r East Indies.

Dim ond ychydig filltiroedd o led yw Môr Hafren mewn mannau ac roedd digon o gilfachau, ogofeydd a dyffrynnoedd ar arfordir Bro Morgannwg i guddio'r ysbail. Mor gynnar â'r drydedd ganrif ar ddeg roedd môr-leidr o'r enw Marisco yn hwylio yma o'i bencadlys ar Ynys Wair (Lundy). Ar ddechrau'r bymthegfed ganrif Ynys Sili oedd pencadlys y môr-leidr Llydewig Colyn Dolphyn. Dyma'r gŵr a ddaliodd Syr Harri Stradling o Sain Dunwyd pan oedd hwnnw'n dychwelyd ar draws y dŵr o Wlad yr Haf a bu raid talu pridwerth o 2,000 marc cyn iddo gael ei ryddhau.

Erbyn yr unfed ganrif ar bymtheg roedd llawer o fôr-ladron – a nifer ohonynt yn ffrindiau i'r tirfeddianwyr a swyddogion y llynges a'r goron – o gwmpas yr arfordir. Roedd y môr-leidr John Callis yn ffrind i Thomas Lewis y Fan ac mae'n debyg fod tŷ'r gŵr hwnnw'n llawn o ysbail. Un arall o'i gwsmeriaid oedd Syr John Wogan, swyddog y llynges yn ne Cymru a gŵr a werthai ynnau i'r môr-ladron. Byddai Callis yn ymweld â phlasau'r Fro a thafarndai Caerdydd a Phenarth i gael gwared â'r ysbail. Prynai Nicholas Herbert, Siryf Morgannwg; William Herbert, cyn-Faer Caerdydd; Edward Cemais, Cefn Mabli a John Thomas Fleming, Trefflemin ganddo hefyd. Daliwyd Callis ger Ynys Wyth yn 1576 ac apeliodd at yr Arglwydd Walsingham, cyn iddo gael ei grogi, i arbed ei fywyd. Addawodd y gwnâi ei orau i gael gwared â'r môr-ladron o'r arfordir drwy roi manylion am eu llwybrau a'u cuddfannau ac enwau'r gwŷr a'u cynorthwyai. Ond ei grogi a gafodd a hynny yn Wapping, Llundain.

Yn 1578 daliwyd y môr-leidr Tom Clarke a thua'r un adeg dygwyd William Chick i'r ddalfa. O'i boenydio fe roes ef enwau 35 o bobl oedd yn fôr-ladron a chynorthwywyr i'r swyddogion. Môr-leidr o'r un cyfnod â John Callis, a ffrind iddo, oedd Capten Sturges. Roedd hwn yn hynod hoff o ymosod ar longau a ddeuai yma o Rochelle. Roedd y llongau a gariai winoedd o Sbaen ac o Gascony'n dioddef yn enbyd gan y môr-ladron am y gwyddent y byddai'r boneddigion yn ddigon parod i brynu gwin bob amser. Roedd arglwydd Gwyddelig o'r enw Sullivan Bere yn cynnal môr-ladron ym Môr Hafren yr adeg hon gan roi lloches iddynt a'u hamddiffyn. Talai gostau capteiniaid y môr-ladron a phrynai eu hysbail. Roedd y sefyllfa cynddrwg yma fel y danfonwyd *The Flying Hart*, llong y llynges, i Fôr Hafren yn 1578 i geisio dal y môr-ladron ond fe'i hysbeiliwyd hithau ganddynt! Penodwyd y morwr lleol enwog Syr Thomas Button o'r Dyffryn ger Sain Nicolas yn llyngesydd llongau'r brenin ar arfordir Iwerddon ym mlynyddoedd cynnar yr ail ganrif ar bymtheg. Bu wrthi tan ei farwolaeth yn 1634 gyda'i dair llong yn ceisio cael gwared â'r môr-ladron ar arfordir Cymru ac Iwerddon. Yn ystod y cyfnod hwn hwyliai môr-ladron o Ffrainc, Sbaen a Thwrci ar hyd arfordir y de ac un o'u hoff fannau i lechu ynddo oedd ger pentir Penarth. Dyma'r cyfnod hefyd pan hwyliai'r môr-leidr Peter Easton, gŵr yr oedd ganddo ddeugain o longau, ar hyd yr arfordir. Yn 1618 lladdwyd Mathew Giles, swyddog tollau Aberddawan, gan fôr-ladron o Ffrainc ac yn 1625 ymosodwyd ar longau'n cario menyn.

Roedd Bro Morgannwg yn enwog am ei smyglwyr ar un adeg yn ogystal. Tua 1635 cododd gŵr o'r enw Thomas Spencer gaeadle caerog o gwmpas Marsh House, Aberddawan, ar gyfer storio tybaco a nwyddau eraill oedd wedi'u mewnforio'n anghyfreithlon. Fe'u cadwai yno tan fyddai pris y farchnad ar ei uchaf a gwnâi elw sylweddol wedyn. Ond cyfnod mwyaf llewyrchus y smyglwyr oedd y ddeunawfed ganrif. Yn 1750 roedd yr awdurdodau'n gofyn am wasanaeth llong arbennig i ddelio â'r haid smyglwyr a gaed rhwng Sili ac Aberddawan. Yr enwocaf o'r holl smyglwyr oedd Thomas Knight. Roedd ganddo long o'r enw *John O'Combe* ac arni roedd pedwar gwn ar hugain a deugain o griw. Ynys y Barri oedd ei bencadlys ac roedd ganddo tua chant o ddilynwyr i gyd. Roedd ei ofn ar drigolion y Fro ond llwyddwyd i gael gwared ag ef o'r diwedd pan symudodd ei bencadlys i Ynys Wair. Yn dilyn Knight daeth smyglwr o'r enw Arthur a'i ddilynwyr i'r ardal ac roedd gan hwn eto long. Gofynnodd

swyddogion y tollau am i long o'r llynges fod yn barhaol ym Mhenarth ac am i drigain o filwyr gael eu sefydlu ar Ynys y Barri. Yn 1788 gwnaed dau gyrch ar Arthur a'i gymheiriaid ond roedd y smyglwyr yn dal ar Ynys y Barri o hyd. Y tro olaf iddynt herio'r awdurdodau'n agored oedd yn 1791 ac wedi hynny daeth smyglo ar raddfa fawr a rheolaidd i ben.

Roedd dwyn y cargo o long-ddrylliadau'n gyffredin iawn ar hyd arfordir y Fro gynt. Yn 1711 chwythwyd llong a gariai win a brandi i'r lan ger Sili a bu'r bobl leol gyda gynnau a phistolau'n ceisio dwyn y cargo. Pan ddrylliwyd y ddwy long *Pye* a *Priscilla* ger Nash Point yn 1737 dygwyd y cargo i gyd. Ymhlith yr ysbeilwyr hyn roedd llawer o bobl o ardal Pen-y-bont ar Ogwr ynghyd â'u harweinydd Edward David, gŵr na allai'r awdurdodau wneud dim ag ef gan fod y dref gyfan yn barod i'w amddiffyn. Yn 1769 dymchwelodd llong gant a deugain tunnell *La Concorde* o Calais ger Aberddawan. Rym a brandi oedd ei chargo a dygwyd y cyfan ohono. Yn ôl swyddog tollau o Gaerdydd roedd dwy fil o bobl wedi ymosod ar y llong â bwyeill a llosgwyd ei gweddillion ganddynt. Bu pymtheg ar hugain o'r bobl farw drwy or-yfed ac fe'u claddwyd, yn ôl y sôn, lle buont farw ar y traeth!

Yn 1775 aeth llong o Dde Carolina, a oedd ar ei ffordd i Fryste, i drybini ar y creigiau a dygwyd ei llwyth o flawd a gwenith bob tamaid. Y tro hwn holwyd tua chant o bobl gan y swyddogion tollau a bu raid i bedwar ohonynt ymddangos mewn llys barn yn Henffordd. Cafwyd un ohonynt, Lewis

Williams o Cornerswell, Penarth, yn euog ac fe'i dedfrydwyd i'w grogi.

Mae'r hynafiaethydd David Jones, Wallington, yn adrodd stori a glywodd gan ei dad am longddrylliad ger Colhuw ar ddechrau'r bedwaredd ganrif ar bymtheg. Llong yn cario gwin ydoedd ac roedd y bobl oedd yn ei hysbeilio'n feddw mawr. Yn eu plith roedd un wraig yn gorwedd ar y traeth yn feddw gaib a phob tro y byddai tonnau'r llanw'n torri trosti fe ddywedai mewn Cymraeg glân gloyw 'Dim rhagor diolch, rwy' wedi cael digon'!

Mae'n debyg fod trigolion yr ardal o gwmpas Bae Dwn-rhefn yn enwog am ddenu llongau ar y creigiau drwy osod goleuadau hwnt ac yma ar hyd yr arfordir. Adroddir stori am berchennog Plas Dwn-rhefn yn yr unfed ganrif ar bymtheg, sef Walter Vaughan a'i gynorthwywr Mat Llaw Haearn. O dan arweiniad Mat denwyd llong ar y creigiau, lladdwyd y criw a'r teithwyr a dygwyd popeth oedd arni. Pan gludwyd yr ysbail i'r plas adnabu Vaughan fodrwy ei fab ei hun. Roedd wedi bod yn gyfrifol am farwolaeth ei fab a'i aer ac yn ôl un fersiwn o'r stori fe saethwyd Mat yn farw gelain yn y fan a'r lle gan delynor y plas ac fe ymadawodd Vaughan â'r ardal. Dyma'r hanesyn sydd y tu ôl i'r unawd bariton enwog 'Brad Dynrafon'.

Tribannau
Bro Morgannwg

Mae'r Fro a'i meysydd ffrwythlon
Yn swyno llawer calon,
Mae'r wlad o Lái i Ogwr Iaith
Yn llawn o waith prydyddion.

Mae merched glân yn Nhyllgo'd
Ac yn Llandaf rhai hynod,
Ac yn y Caera aml rai,
Ond yn Nhrelái'r clecïod.

Fe welas fyd ar fricyn
Ar Deio a Wil Hopcyn,
Yfad gwin ym Mhlas Gwenfô
Mewn cnepyn o gyrnocyn.

Y neithiwr mi freuddwydas
Fy mod yn Sain Nicolas
Gyda'r ffeirad, sef Wil Twm,
Yn clymu clwm priodas.

Mi welais feinir lysti
Wrth eglwys Saint Hilari,
Rhaid cael sebon a dŵr brwd
I olchi'r rhwd 'ddi arni.

Mi glywais yn Llancatal,
Do, lawer bore, ddadal –
Pa un sy gasa' dan y sêr –
Y cybydd ne'r anwadal?

Ta gen i aur ac arian,
Ta gen i dirodd llytan,
Fe'u rhown nhw'n rhwydd heb
                gynnig ple
Am fyw yn nhre Llancarfan.

Mi euthum yn lled egwan
At Ffynnon y Fflamwyddan,
Gan synnu pam, os dyna'r gwir,
Ceir lles o dir Llancarfan.

Fi wela East 'Berddawan
A'r Britwn wrtho'i hunan,
Fi wela fferm fawr Castledown
A Beggars' Pound Sain Tathan.

Mae merched bach Sain Tathan
Yn ffaelu troi cramwythan
Heb ofyn cymorth gŵr neu was
I'w thoso ma's o'r ffrimpan.

Llan-faes, Llan-fair, Trefflemin,
A Silstwn a'r hen felin;
Os aiff cardotyn ar eu traws
Caiff fara a chaws ond gofyn.

Mi fuo'n caru'n gynnes
Â merch o wniadyddes,
Rhwng y Bont-faen a blaen Col-huw
Mae'r lle mae'n byw'r angyles.

Yn Saint-y-brid mae 'nghariad,
Yn Saint-y-brid mae 'mwriad,
Yn Saint-y-brid mae merch fach lân
Os caf hi o fla'n y ffeirad.

Mae 'nghariad i eleni
Yn byw gerllaw i'r Wenni,
Ar ei thafod nid oes dim ffael
O eisiau cael priodi.

Nid pell o blwyf y Wenni
Mae merch o'r enw Sali,
Hen faeden oerllyd, sychlyd, swrth –
Hi'm poena wrth ei henwi.

Mae gennyf gariad newydd
Un deg fel blodau'r gwinwydd,
A hi medd pawb oedd blodau'r ffair
Yn Eglwys Fair y Mynydd.

Mi godais gariad newydd,
Mi rois yr hen i fynydd,
Mae'n promis cwrdd, os ceidw'i gair,
Wrth Eglwys Fair y Mynydd.

Mae gen i fritshis newydd,
Fe wisga hwnnw beunydd,
O waith y teiliwr gorau'i air
O Eglwys Fair y Mynydd.

Tri pheth ni châr fy ngena'
Yw afal sur y bora,
Grawel moch odd'ar y drain
A diod fain Llanganna.

Mae Siaco, clerc y Coety,
Yn fachgen iawndda lysti,
'Does neb mor da'r ag e'n ddiau
I ddringo grisiau'r clochdy.

Mae 'nghariad i eleni
Yn byw ym mhentre Coety,
Rwy'n meddwl gofyn idd ei mam
A ga'r ddinam briodi.

Ym Merthyr Mawr mae ceingan,
Ei glanach 'does yn unman,
Mi wn am lawer calon hael
Chwenycha'i chael yn wreigan.

Y ferch â'r ddwybleth amlwg
A'r rhuban am ei gwddwg,
Tyrd gyda fi i roddi tro
Tua gwaelod Bro Morgannwg.

Mae merched Bro Morgannwg,
Â'r cyfan yn y golwg,
Yn denu llawer llencyn mwyn
Dros dwyn i dorri'i wddwg!

Pentrefi a Threfi

Aberddawan

Pentref bychan ar yr arfordir, saith milltir i'r gorllewin o'r Barri a'r afon Ddawan yn ei hollti'n ddwy ran yw Aberddawan. Mae'r rhan orllewinol ym mhlwyf Sain Tathan a'r rhan ddwyreiniol ym mhlwyf Pen-marc. Bu yma borthladd ers canrifoedd lawer ac fe'i defnyddiwyd gan y Rhufeiniaid, y Llychlynwyr a'r Normaniaid. Yn yr unfed ganrif ar bymtheg o'r porthladd hwn yr allforid llawer iawn o gynnyrch Morgannwg – ŷd, barlys, gwartheg, defaid, menyn, caws, gwlân, brethyn, hosanau, lledr, gwymon, rhedyn, glo, haearn, copor a phlwm ac anfonid y rhain i rannau o Gymru, Lloegr ac i wledydd tramor. Mewnforid halen, ffrwythau, cnau, gwinoedd a gwirodydd o wledydd tramor ac o Loegr deuai brag haidd, hadau gwair a ffrwythau. Erbyn y ddeunawfed ganrif Aberddawan oedd y porthladd pwysicaf rhwng Caerdydd a Chastellnedd ac âi llongau oddi yma'n ddyddiol bron i Minehead, Watchet, Uphill a Bryste. Oddi yma yr hwyliai Iolo Morganwg i Fryste i brynu mynor ac oddi yma yr anfonodd *Brut Aberpergwm, Doethineb Catwg Ddoeth* a *Trioedd Dyfnwal Moelmud* i'w cynnwys yn *The Myvyrian Archaiology*. Yn wir, pan glywodd Iolo yn ystod 1781 fod swyddog tollau'r porthladd yn wael iawn yn ei wely fe gynigiodd am ei swydd gan y tybiai y byddai'r swyddog farw'n fuan! Er dirfawr siom iddo daeth y swyddog dros ei waeledd ac ailgydiodd yn ei swydd enillfawr. Pan ymwelodd John Wesley â'r Fro yn 1744 teithiodd i Aberddawan ar long o Minehead.

Adeiladwyd llongau yma yn ystod yr ail ganrif ar bymtheg a'r ddeunawfed ganrif a thua 1800 ceir hanes am seiri o sir Aberteifi yn atgyweirio llongau yma. Galwai llongau o Ffrainc, Sbaen ac India'r Gorllewin yma'n gyson ac roedd y lle'n enwog am fewnforio tybaco o St. Kitts. Ceid stordai i gadw'r nwyddau wrth yr harbwr ac yn y pentref lle'r oedd nifer o dafarnau megis y *Ship*, y *Crown and Anchor*, *Maltsters Arms* a'r *Blue Anchor*. Mae'r olaf o'r rhain yn dal yma a'i arwydd yn honni iddo gael ei sefydlu yn 1380, ond perthyn i flynyddoedd canol yr unfed ganrif ar bymtheg y mae'r adeilad to cawn presennol sydd â'i furiau'n amrywio o 2'9" i 8' o drwch. Dywedir bod ysbryd gwraig i'w weld yno o bryd i bryd.

Cymaint oedd masnach y porthladd hwn fel y dechreuwyd codi tollau yma yn 1545 a dyna pryd yr honnodd Syr Edward Stradling (1529-1609) o Gastell Sain Dunwyd mai ei deulu ef oedd perchenogion yr harbwr ers i Forgannwg gael ei oresgyn gan y Normaniaid.

Bu Aberddawan yn enwog ers canrifoedd am gloddio calch. O'r ail ganrif ar bymtheg ymlaen allforiwyd miloedd o dunelli ohono i Ddyfnaint a Gwlad yr Haf fel gwrtaith i'r tir a deuai ffermwyr de Cymru o bell ac agos i gyrchu llwythi ohono i'w tiroedd hwythau. Mae haenau'r calchfaen yn Aberddawan dros 300' o drwch ac mae'r calch a gynhyrchir yn arbennig o addas ar gyfer adeiladu gan ei fod yn peri i'r morter fod yn galetach na'r cyffredin hyd yn oed mewn dŵr.

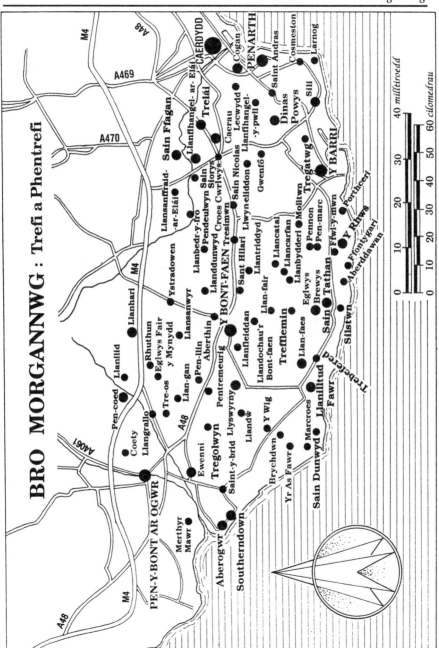

BRO MORGANNWG : Trefi a Phentrefi

CAERDYDD
Cogan
PENARTH
Saint Andras
Cosmeston
Larnog
Sili
Dinas Powys
Lecwydd
Llanfihangel-y-pwll
Caerau
Gwenfô
Trelái
Llanfihangel-ar-Elái
Sain Ffagan
A469
M4
A48
A470
Llansanffraid-ar-Elái
Llanbedr-y-fro
Pendeulwyn
Llanddunwyn
Sain Siorys
Croes Cwrlwys
Sain Nicolas
Llwyneliddon
Tresimwn
Y BONT-FAEN
Sant Hilari
Llantriddyd
Lan-fair
Liancatal
Llancarfan
Llanbydderi
Molltwn
Pennon
Pen-marc
Tregatwg
Y BARRI
Porthceri
Y Rhws
Ffwl-y-mwn
Ffontygari
Aberddawan
Silstwn
Eglwys Brewys
Sain Tathan
TreffIemin
Llan-faes
Llandochau'r Bont-faen
Llanfeldan
Llandŵ
Y Wig
Brychdwn
Marcroes
Llanilltud Fawr
Sain Dunwyd
Yr As Fawr
Trebefered
Llyswyrny
Pentremeurig
Llandochau'r
Aberthin
Pen-llin
Llan-gan
Tre-os
Llansanwyr
Ystradowen
Eglwys Fair y Mynydd
Rhuthun
Llanhari
Llanilid
Pen-coed
A48
M4
Llangrallo
Coety
Ewenni
Tregolwyn
Saint-y-brid
Aberogwr
Southerndown
PEN-Y-BONT AR OGWR
Merthyr Mawr
A4061
M4
A48

0 10 20 30 40 milltiroedd
0 10 20 30 40 50 60 cilomedrau

Calch Aberddawan a ddefnyddiwyd i adeiladu Goleudy Eddystone (1756-59) a bu galw mawr amdano i adeiladu porthladdoedd yn hanner cyntaf y bedwaredd ganrif ar bymtheg. Yn 1813 codwyd pier ar gyfer llongau calch yn unig a thua 1840 golygfa gyffredin oedd gweld ugain o longau calch yn aros eu tro yma. Erbyn ail hanner y ganrif dirywiodd masnach cario calch mewn llongau ac erbyn dechrau'r ugeinfed ganrif dim ond pedair llong oedd yma. Erbyn heddiw mae'r lle'n enwog am gynhyrchu sment ac ni allwch beidio â sylwi ar yr haenen drwchus o lwch llwyd sy'n gorchuddio popeth yng nghyffiniau'r gwaith prysur ar y bryn uwchlaw ochr ddwyreiniol afon Ddawan.

Gyferbyn â'r fynedfa i'r gwaith sment mae ychydig o dai ac un tro bu'r gymuned fechan hon yn bwysig yn hanes Methodistiaeth y Fro, oherwydd bu diadell Thomas William, Bethesda'r Fro, yn cyfarfod yma wedi'r rhannu a fu yn Aberthin wedi i Peter Williams gael ei ddiarddel yn ystod Sasiwn Llandeilo Fawr 1791. Bu seiat yma, meddir, er pan ymwelodd Howel Harris â theulu'r Bassetiaid a chofrestrwyd yr achos yn 1811. Enw'r capel oedd y Tabernacl ond symudwyd yr achos i Ben-marc yn 1832. Ceir capel a agorwyd gan y Bedyddwyr yn 1800 yma, yn ogystal ag eglwys fechan.

Ar ochr orllewinol afon Ddawan, i lawr ar dir a elwir The Leys – un o'r llecynnau mwyaf deheuol yng Nghymru – mae'r orsaf bŵer a'r casgliad o adeiladau preswyl a elwir *Boys Village*.

Aberogwr

Gwelir y pentref hwn ar ochr ddwyreiniol aber afon Ogwr, bedair milltir i'r de o Ben-y-bont ar Ogwr ar ffordd y B4265. Bu'n lle glan môr poblogaidd ers amser a daeth yn lle poblogaidd i godi tai annedd ynddo yn ystod yr ugeinfed ganrif. Er bod y lle ar aber ni welir unrhyw olion i awgrymu bod harbwr wedi bod yma. Hwyrach mai un o'r rhesymau am ddiffyg porthladd yw fod y môr a'r cerrynt yn yr afon yn y fan yma yn hynod o beryglus, fel y tystia'r llongddrylliadau a ddigwyddodd ger yr arfordir dros y blynyddoedd a'r damweiniau ger yr afon. Rhyw filltir allan i'r môr mae'r enwog *Tusker Rock* – darn petryal o garreg galch sydd tua deg a thrigain erw mewn arwynebedd. Gellir ei weld yn glir pan fo'r llanw ar drai a rhyngddo a'r tir ceir sianel weddol fas a'i dyfnder heb fod yn fwy na 25'.

Cododd Cyngor Sir Morgannwg ganolfan addysg ar y bryn uwchlaw'r pentref lle deuai plant ysgol am gyrsiau preswyl ac ar un cyfnod, y gŵr a weinyddai'r sefydliad oedd y llenor Islwyn Williams, awdur *Cap Wil Tomos* a *Storïau a Phortreadau*.

Rhyw filltir o'r pentref i gyfeiriad Pen-y-bont ar Ogwr saif Castell Ogwr a godwyd gan William de Londres yn y ddeuddegfed ganrif, a chyferbyn â thafarn y *Pelican* mae un o ffermydd hynaf y de, sef Ffermdy Ogwr. Hon oedd fferm y castell yn wreiddiol. Enwyd y dafarn, mae'n debyg, ar ôl yr aderyn sydd ar arfbais y teulu Carne a fu'n byw yn Ewenni ar un adeg.

Tafarn y Ship, *Aberddawan*

Tafarn y Blue Anchor, *Aberddawan*

Aberthin

Tua milltir o'r Bont-faen ar ffordd yr A422 i gyfeiriad Llantrisant saif y pentref dymunol hwn sy'n hynod debyg i bentrefi gwaelod y Fro. Yn rhyfedd iawn dyma bentref heb eglwys blwyf ynddo a hwyrach mai hynny sy'n egluro pam y datblygodd yn ganolfan i Anghydffurfiaeth. Sefydlwyd seiat yma yn 1742 a deuai Howel Harris i ymweld â'r lle'n gyson. Bu Daniel Rowland a William Williams yn pregethu yma ac mae'r capel yn un o ganolfannau cynharaf y Methodistiaid Calfinaidd yn y Fro. Codwyd yr adeilad cyntaf yn 1749 ac fe'i hailadeiladwyd yn 1780. Chwalwyd y gynulleidfa gan y cwerylon chwerw wedi i Peter Williams gael ei ddiarddel yn ystod Sasiwn 1791 yn Llandeilo. Y cwerylon hyn a barodd i'r emynwyr John Williams, Sain Tathan a Thomas William, Bethesda'r Fro adael Aberthin. Erbyn hyn trowyd y capel yn neuadd bentref a chyn hynny bu'n glwb ieuenctid wedi iddo fod yn wag am flynyddoedd. Mae ffenestri'r capel a godwyd yn 1780 i'w gweld o hyd ond ni chadwyd y drysau gwreiddiol. Codwyd y *Great House* tua chanol yr ail ganrif ar bymtheg ac mae ar gynllun y llythyren T.

Ceir dau dafarn yma – y *Farmers Arms* a'r *Hare and Hounds* a dywedir bod ysbryd dyn i'w weld ar brydiau yn eistedd o dan y set deledu ac yn canu cloch yn y naill a bod ysbryd gwraig i'w weld yn y llall.

As Fawr, Yr

Lle gwasgaredig chwe milltir i'r de-ddwyrain o Ben-y-bont ar Ogwr a rhwng Marcroes a'r Wig yw'r As Fawr. Mae rhannau hynaf Eglwys y Santes Fair yn perthyn i'r ddeuddegfed ganrif. Adeilad bychan a phlaen a adnewyddwyd yn 1860 ydyw. Roedd gan Abaty Nedd lawer o dir yma cyn diddymiad y mynachlogydd ac mae waliau ac adeiladau o'r ddeuddegfed ganrif a'r drydedd ganrif ar ddeg – megis yr ysgubor sydd dros 200' o hyd – i'w gweld yma hyd heddiw.

Mae un rhan o dafarn y *Plough and Harrow* yn perthyn i'r ail ganrif ar bymtheg a cheir ffenestri o'r ddeunawfed ganrif ynddo. Dywedir bod ysbryd yn cerdded yr adeilad hefyd. I'r dwyrain o'r pentref ceir llawer o feddrodau o'r Oes Efydd yn ogystal ag i'r de o'r pentref yn Nhy'n-y-caeau. Credir bod olion naill ai hen gapel neu gell i lawr yng Nghwm Nash ar y ffordd sy'n arwain i lan y môr.

Barri, Y

Dyma'r dref fwyaf ym Mro Morgannwg a'i phoblogaeth tua 47,000 ac yma mae canolfan gweinyddol y Fro. Tyfu o gwmpas y dociau wnaeth y dref gan ymestyn i fyny'r bryn sydd tua 300' uwchlaw'r môr. Bu'r twf yn sydyn iawn; oddeutu 1880 dim ond tua 85 o bobl oedd yn byw yma ond o fewn dwy flynedd i agor y doc cyntaf yn 1889 roedd y boblogaeth yn 13,000. Erbyn 1921 roedd yn 39,000. Diben agor y dociau yma (agorwyd yr ail yn 1898) oedd er mwyn cael lle i allforio glo a glo golosg. Roedd gwneud hynny drwy borthladd Caerdydd wedi mynd yn rhy ddrud ac felly, am gost o ddwy filiwn o bunnoedd, datblygwyd y dociau yn y Barri gan y diwydiannwr David Davies, Llandinam. Roedd arwynebedd y dŵr ynddynt yn 114 erw. Yn ystod 1913 allforiwyd dros un filiwn ar ddeg o

Castell Ogwr

Golygfa o'r Barri o'r awyr

dunelli o lo a glo golosg oddi yma.

O ddatblygu'r dociau peidiodd Ynys y Barri â bod yn ynys am iddi gael ei chysylltu â'r tir mawr gan arglawdd. Roedd traddodiad mai ar Ynys y Barri y claddwyd Sant Baruc, gŵr o dras Wyddelig, yn y seithfed ganrif ac i gapel bychan gael ei godi i'w goffáu. Bernir i'r capel gael ei godi oddeutu 1140 ac iddo gael ei ailadeiladu naill ai ar ddiwedd y drydedd ganrif ar ddeg neu ddechrau'r bedwaredd ganrif ar ddeg. Bu'n ganolfan boblogaidd gan bererinion a dywed Gerallt Gymro i weddillion Sant Baruc gael eu symud o'r fynwent i'r eglwys. Roedd tŷ i'r offeiriad ynghlwm wrth yr eglwys ond ychydig sy'n aros o olion y tŷ a'r capel erbyn hyn. Gwelir yr hyn sydd ar ôl ohonynt ger y gwersyll gwyliau a godwyd yma gyntaf yn 1966. Tua thri chan llath o'r hen gapel roedd Ffynnon Sant Baruc a'i dŵr yn dda at drin anhwylderau'r llygaid.

Wrth gwrs mae Ynys y Barri yn dal yn gyrchfan boblogaidd i filoedd o bobl yn ystod misoedd yr haf ond y ffair sy'n eu denu yn awr. Pwy o'r de na fu yma ar drip Ysgol Sul? Dechreuwyd datblygu'r Ynys fel lle i ymwelwyr yn 1905. Adeiladwyd y prom yn 1922 a chyrhaeddodd y ffair yma yn 1924. Dyma'r adeg y dechreuwyd datblygu ardal y Knap ar gyfer gweithgareddau hamdden. Cafwyd llyn siâp telyn i hwylio cychod arno a phwll nofio awyr agored yn 1926. Gerllaw ceir adfeilion adeilad Rhufeinig gyda thua deunaw neu bedair ystafell ar bymtheg o gwmpas cwrt canolog. Mae'n debyg i stordy o ran cynllun.

Ar gyrion y dref roedd hen bentref o'r enw Uchelolau. Gadawodd y trigolion y lle ganrifoedd yn ôl ond gellir gweld sylfeini cangell a chorff yr eglwys fechan oedd yma. Mae'r gangell, sef y rhan hynaf, yn dyddio o'r drydedd ganrif ar ddeg. Mae hen bentref Merthyr Dyfan wedi'i lyncu gan y Barri erbyn hyn ac yma mae hen eglwys a thair cloch yn ei thŵr a hen groes yn y fynwent gron.

Yn union i'r gogledd o'r Knap ar ael y bryn mae adfeilion Castell y Barri; castell a godwyd gan deulu Gerallt Gymro mwy na thebyg. Rhwng y castell a'r Knap mae Parc Romilly a Cherrig yr Orsedd i gofnodi ymweliad yr Eisteddfod Genedlaethol yn 1920 ac 1968. I lawr ynghanol y dref codwyd Neuadd Dref sylweddol a thrawiadol yn 1903-8. Codwyd Eglwys yr Holl Saint, sef eglwys y plwyf, yn 1907-8 ac ychwanegwyd ati yn 1914-15. Yn 1932 agorwyd y Neuadd Goffa, adeilad gwych a defnyddiol dros ben y gellir cael lle i 1,111 o bobl eistedd ynddo. Yma hefyd mae Amgueddfa Archifol y Barri. Erbyn heddiw Canolfan Adnoddau'r Fro yw prif adeilad yr hen goleg hyfforddi a godwyd yn 1913. Cafwyd Canolfan Dinesig newydd yn 1980 ond lleolir nifer o adrannau Cyngor Bro Morgannwg yn hen Swyddfa'r Dociau yn ogystal – adeilad cadarn ac urddasol â cherflun o David Davies o'i flaen. Mae cynllun uchelgeisiol ar y gweill i ddatblygu 190 erw o'r dociau ar gyfer tai a busnesau o wahanol fathau a maint. Bwriedir dymchwel yr hen wersyll gwyliau yn ogystal a chodi tai, siopau a gwesty yn ei le gan gadw rhan o'r safle yn dir agored ar gyfer y cyhoedd.

Fe fu gan y Barri ei Awdurdod Addysg ei hun cyn iddo gael ei lyncu

Dociau'r Barri (c. 1910)

Bae Whitmore, Y Barri

gan yr hen sir Forgannwg. Mae'r lle'n dal yn flaengar ym myd addysg ac mae yma ddwy ysgol gynradd Gymraeg erbyn hyn ac un arall ar fin cael ei ffurfio.

Dyma dref enedigol y gwleidydd a'r hanesydd y Dr Gwynfor Evans a Syr Hrothgar Habbakkuk, Prifathro Coleg Iesu, Rhydychen gynt. Yma hefyd y ganed ac y maged y cerddor Grace Williams a'r unawdydd Robert Tear. Dros y blynyddoedd bu llawer o enwogion Cymru yn byw ac yn gweithio yma. I'r Barri y daeth R. Silyn Roberts yn 1918 pan benodwyd ef yn swyddog trefnu hyfforddiant i filwyr clwyfedig Cymru. Bu R. Williams Parry yn un o staff Ysgol Ramadeg y Bechgyn, fel y bu Gwenallt a'r Athro David Williams, Aberystwyth a'r nofelydd Gwyn Thomas ynghyd ag E.T. Griffiths, cyfieithydd Pinoccio. Bu Annie Ffoulkes, golygydd *Telyn y Dydd*, yn un o staff yr Ysgol Sir yn ogystal ag Ysgol Ramadeg y Merched. Treuliodd y bardd J.M. Edwards y rhan fwyaf o'i oes yn dysgu yma a bu W.R. Evans yn brifathro Ysgol Gymraeg Sant Ffransis cyn ymuno â staff y Coleg Addysg. Bu Cassie Davies, Lady Amy Parry-Williams, Norah Isaac, Urien Wiliam, Emyr Edwards, John Ackerman Jones, Michael Parnell a'r bardd Eingl-Gymreig Tony Curtis ar staff y coleg hwnnw yn ogystal. Yma hefyd mae cartref y cerflunydd Robert Thomas.

Bont-faen, Y

Ddeuddeng milltir i'r gorllewin o Gaerdydd a saith milltir i'r dwyrain o Ben-y-bont ar Ogwr saif y dref hon a elwir 'Prifddinas y Fro'. Rhoddwyd siarter i'r dref yn 1254 wedi iddi gael ei sefydlu gan aelodau o'r teulu de Clare yn gynnar yn y drydedd ganrif ar ddeg lle croesai'r hen ffordd Rufeinig o Gaerdydd i Gaerfyrddin afon Ddawan. Tref gaerog ydoedd a dywedir bod y waliau o'i chwmpas tua 24' o uchder. Yr unig borth sydd wedi goroesi yw porth y de. Bu raid tynnu pyrth y dwyrain a'r gorllewin i lawr yn y ddeunawfed ganrif er hwyluso'r cynnydd mewn trafnidiaeth.

Yn yr Oesoedd Canol safai sgwâr y dref – a chroes ar ei ganol – yn ymyl y fan lle saif tafarn y *Duke of Wellington* yn awr. Ger y groes hon y trigai'r pencerdd Lewis Morgannwg, disgybl i Tudur Aled a'r gŵr y ceir ei enw ar drwydded Gruffudd Hiraethog. Ymwelodd Lewys Glyn Cothi â'r dref yn y bymthegfed ganrif a chanodd ddau gywydd i'r marsiandïwr Hywel Prains y cafodd gymaint o groeso ar ei aelwyd. Canodd Dafydd Benwyn gywydd o fawl i'r dref gan ei chymharu â Babilon, Ninife, Paris a Chaerdroea! Codwyd Eglwys y Grog Sanctaidd yn niwedd y drydedd ganrif ar ddeg ac ychwanegwyd ati yn ystod y canrifoedd gan ei hadnewyddu yn 1850-2. Yma y claddwyd Rhys Amheurug o'r Cotrel, Lewis Morgannwg a B.H. Malkin.

Sefydlwyd ysgol ramadeg yma yn 1608-9 gan Syr Edward Stradling. Fe'i prynwyd wedyn gan Syr Leoline Jenkins a phan fu ef farw daeth yn eiddo i Goleg Iesu, Rhydychen. Mae'r adeilad yma o hyd ond ni ddefnyddir ef gan fod ysgol gyfun yn y dref erbyn hyn.

Gyferbyn â Neuadd y Dref a godwyd yn 1830-6 ar safle'r hen garchar ceir

Y Bont-faen

plac ar y wal yn nodi mai yn yr adeilad hwnnw y bu Iolo Morganwg yn cadw siop lyfrau. Enw'r bardd o Drefflemin sydd ar ysgol gynradd Gymraeg y dref. Cafodd y bardd Islwyn beth o'i addysg gynnar yma a hynny mewn ysgol breifat.

Sefydlwyd gwasg argraffu yma gan Rhys Thomas, gŵr o Lanymddyfri, tua 1770 a dechreuodd argraffu Geiriadur John Walters ond gan i'r hwch fynd drwy'r siop bu raid aros am dair blynedd ar ddeg cyn iddo gael ei orffen a hynny yn Llundain ar gost Owain Myfyr. Ceir argraffu a chyhoeddi llyfrau o hyd yma gan gwmni Keith Brown a'i Feibion.

Bu'r dref yn enwog am ei ffeiriau, ei marchnad a'i thafarndai. Roedd dros ddau ddwsin o dafarndai ar y stryd fawr ar un adeg. Mae adeiladau gwesty'r *Bear* a thafarn y *Duke of Wellington* yn perthyn i'r Oesoedd Canol. Yng ngwesty'r *Bear* y ffurfiwyd Cymdeithas Amaethyddol Morgannwg yn 1772. Mae'n debyg mai *Black Horse* oedd enw'r dafarn a elwir yn *Duke of Wellington* heddiw, ond gan i'r milwr enwog aros yno dros nos pan oedd ar ei ffordd i weld Syr Thomas Picton newidiwyd yr enw er mwyn coffáu'r achlysur.

Hanner ffordd rhwng y Bont-faen a Llanilltud Fawr mae Llanfihangel y Bont-faen nad oes yno ond eglwys fechan a phlasty. Ceir nodweddion o adeiladwaith y bedwaredd ganrif ar ddeg, y bymthegfed ganrif a'r unfed ganrif ar bymtheg yn yr eglwys a chodwyd y plasty presennol gan ŵr o'r enw James Thomas yn gynnar yn yr unfed ganrif ar bymtheg. Mae'r neuadd yn enghraifft wych o ystafell Elizabethaidd. Bu'r clerwr Dafydd Benwyn yn ymweld â'r tŷ yn niwedd yr unfed ganrif ar bymtheg a bu'n gyrchfan i foneddigion y Fro mewn cyfnod diweddarach.

Ceir traddodiad fod Elinor Ddu, aelod o deulu'r Thomasiaid, yn wrach a'i bod yn cael ei chadw mewn gefynnau haearn ar brydiau. Ei diwedd fu boddi mewn pwll yn yr afon ger yr eglwys a dywedir bod ei hysbryd yn cerdded y fan a bod ei rhith i'w weld ar wyneb y dŵr weithiau ym min nos.

I'r dwyrain uwchlaw'r Bont-faen mae Bryn Owen, sef canolbwynt y Fro, ac o'i gopa ceir golygfeydd godidog. Yma y cynhaliodd Iolo Morganwg ei Orsedd gyntaf yng Nghymru yn 1795. Cysylltir y lle ag Owain Glyndŵr gan y dywedir iddo drechu byddin Harri'r Pedwerydd yma. Ar y bryn hwn yr arferid crogi drwgweithredwyr o garchar y Bont-faen a'r peth olaf a welent o'r grocbren oedd tŷ o'r enw Caercady draw ger pentref Prysg. Daeth 'Fe gei di weld Caercady' yn ddywediad yn yr ardal wrth annog rhywun i ymddwyn yn well!

Heddiw mae'r brif stryd yn llawn o siopau chwaethus ac arbenigol a daw pobl o bell ac agos yma. Bob dydd Mawrth cynhelir marchnad anifeiliaid. Mae'r amgueddfa leol wedi ei lleoli yn hen gelloedd y carchar yn Neuadd y Dref.

Brychdwn

Pentref bychan di-nod o bobtu i'r ffordd sy'n arwain o'r As Fawr i'r B4265 yw Brychdwn a'r adeilad mwyaf trawiadol yma yw'r hen fragdy tri llawr â'i dŵr pyramidaidd. Fel yr awgryma'r enw codwyd hwn yn wreiddiol ar gyfer gwneud brag ond bu llawer tro ar ei fyd. Yn 1906 fe'i trowyd yn westy i ddarparu gwyliau i deuluoedd glowyr y cymoedd. Yna, rhwng 1932 ac 1937, cynhaliai George M. Ll. Davies wersyll gwyliau i lowyr di-waith y Rhondda yma ac ysgrifennodd daflen fechan am y lle yn dwyn y teitl *Around the Malthouse*. Wedi hyn bu'r bragdy'n wersyll carcharorion ac yn lloches i noddedigion. Yna, yn ystod y chwedegau, trowyd y lle'n fflatiau.

Caerau

Yma yn ardal boblog Trelái, dair milltir i'r gorllewin o Gaerdydd, mae un o fryngaerau mwyaf de-ddwyrain Cymru a bu pobl yn byw ynddi o tua 700 C.C. hyd tua 100 O.C. Mae ar siâp triongl ac yn 12.6 erw o faint. A barnu oddi wrth ei safle strategol hwyrach mai yma'r oedd canolbwynt yr ardal. Ceir sawl gwrthglawdd yn ei hamgylchynu ac o'i mewn ceir amddiffynfa gylch a godwyd mae'n debyg i un o esgobion Llandaf yn y ddeuddegfed ganrif.

Gerllaw, ar gopa bryncyn uwchlaw ffordd osgoi yr A4232 rhwng dociau Caerdydd a thraffordd yr M4, mae adfeilion trist eglwys ganoloesol St. Mary. Fe'i dadgysegrwyd yn 1973 ac erbyn hyn mae mewn cyflwr gwarthus. Mae'r tŵr yn dal yn weddol gyfan ond mae'r gangell bron yn un â'r llawr ac nid oes fawr o'r to uwch corff yr eglwys ar ôl. Roedd lle i eistedd ar hyd y mur gogleddol ers talwm. Ar ben hyn cafwyd hyd i olion Rhufeinig ar ochr Trelái i'r bryn. I gyrraedd y llecyn hanesyddol hwn, os ydych yn dod o gyfeiriad Caerdydd, trowch i lawr Caerau Lane wrth y goleuadau traffig ger Swyddfa Heddlu Trelái ac yna i'r chwith i Heol Caerau gan groesi ffordd lydan Heol Trelái i Church Road a dilyn honno i'r pen. Yna rhaid cerdded i fyny'r bryn. O'r gorllewin trowch i'r dde lle mae Heol Trelái yn ymuno â'r A48, rhyw hanner milltir dda o gylchfan Croes Cwrlwys, ac yna i'r dde i Church Road a'i dilyn i'w therfyn wrth odre'r bryn. Yn 1837 poblogaeth y plwyf oedd 77. Erbyn 1861 roedd wedi codi i 131. Ymhen hanner canrif wedyn roedd 220 yn byw yma. I bob pwrpas ardal wledig oedd Caerau tan 1939. Wedi'r Ail Ryfel Byd dechreuwyd codi tai cyngor yma a pharheir i godi rhagor o dai hyd heddiw.

Coety
O gwmpas y castell a godwyd tua 1100 y tyfodd pentref Coety sydd ddwy filltir i'r gogledd-ddwyrain o Ben-y-bont ar Ogwr. Tua chwarter milltir i'r gogledd o'r castell yng Nghoed Parc Garw mae hen feddrod o Oes Newydd y Cerrig a cheir hen feddrodau eraill o gyfnod yr Oes Efydd yn y cyffiniau yn ogystal. Yn yr eglwys, sydd ar lun croes, ceir corffddelwau o'r bedwaredd ganrif ar ddeg ac mae darnau o'r eglwys yn perthyn i'r unfed ganrif ar bymtheg.

Pan oedd y teulu Gamage yn byw yn y castell byddai'r beirdd yn galw yno i ganu eu cerddi. Bu Rhisiart ap Rhys Brydydd yn canu iddynt yn ogystal â Iorwerth Fynglwyd a Lewis Morgannwg, ac yn hanner olaf yr unfed ganrif ar bymtheg a dechrau'r ail ganrif ar bymtheg bu Meurug Dafydd yn datgan ei gerddi iddynt. Yn y Coety yn y ddeunawfed ganrif y trigai Dafydd Hopcyn, gŵr na wyddys fawr amdano ond a gopïodd, meddir, y llawysgrif a elwir *Llyfr Llanfihangel Iorwerth*. Llawysgrif yw hon sy'n cynnwys casgliad o gywyddau ac yn eu plith mae marwnad o'i waith ef ei hun a ganodd yn 1734. Argraffwyd cywydd arall o'i waith yn *Trysorfa Gwybodaeth* (1770) a dyna'r unig ddarnau o'i waith, hyd y gwyddys, sydd ar glawr.

Cogan
Ceir un o eglwysi hynaf Bro Morgannwg yn y pentref hwn sydd dair milltir i'r de-orllewin o Gaerdydd. Mae bwa'r fynedfa i'r gangell yn perthyn i'r cyfnod Normanaidd ond ceir enghraifft o adeiladwaith Sacsonaidd yn un mur ac o gwmpas y muriau ceir seddau carreg. Atgyweiriwyd Eglwys Sant Pedr yn 1894 wedi iddi fod yn ddi-do am ganrif.

Yn y pentref hwn, yn eu tŷ Cogan Pill a godwyd yn yr unfed ganrif ar bymtheg, y trigai'r teulu Herbert. Ailgodwyd y tŷ i raddau helaeth tua diwedd y bedwaredd ganrif ar bymtheg yn gartref i J.S. Corbett, asiant Marcwis Bute. Heddiw tŷ bwyta Baron's Court ydyw ond mae arfbais Syr George Herbert yn dal uwchben y brif fynedfa.

Cosmeston
Yn 1977 darganfuwyd olion pentref canoloesol o'r drydedd a'r bedwaredd ganrif ar ddeg ym Mharc Gwledig Cosmeston, filltir a hanner i'r de o Benarth. Dechreuwyd cloddio yno yn 1981 a dechrau ailgodi'r pentref canoloesol ar y safle gwreiddiol y flwyddyn ganlynol. Erbyn heddiw ceir ffermdy, odyn a sgubor yno yn ogystal â gerddi, amgueddfa fechan a chasgliad o anifeiliaid prin.

Croes Cwrlwys

Croesffordd ar gyrion gorllewinol Trelái yw Croes Cwrlwys ac un o'r mannau prysuraf o fewn y Fro. Ffurf lafar Gymraeg o'r gair Culverhouse a olyga 'colomendy' yw Cwrlwys ac nid yw'n hŷn nag 1776 yn ôl yr Athro Gwynedd O. Pierce. Enw fferm oedd Culverhouse yn wreiddiol.

Yn ystod y 1950au roedd Croes Cwrlwys ynghanol gwlad ddymunol o gaeau a pherthi ac yn fan cyfarfod i bobl Trelái. Mae pobl yn dal i gyfarfod yma heddiw ond gwneir hynny'n awr yn siopau *Marks and Spencers, Tesco* a'r siopau eraill sydd ym mharc mânwerthu Porth y Fro. O ran prysurdeb saif yn y pedwerydd safle yn rhestr canolfannau siopa de Cymru a daw 98% o'r siopwyr yma mewn ceir. Dyma leoliad canolfan a stiwdios HTV a gwesty'r *Copthorne* ac mae cynllun i ddatblygu rhagor o siopau yma eto.

Dinas Powys

Ychydig dros ganrif yn ôl dim ond 576 o bobl oedd yn byw yn y pentref hwn sydd ddwy filltir i'r gorllewin o Benarth, ond yn ôl cyfrifiad 1991 roedd bron i 10,000 yn byw yno ac mae'n dal i dyfu.

Pan ddatblygwyd y dociau ym Mhenarth a'r Barri yn y bedwaredd ganrif ar bymtheg ac adeiladu'r rheilffordd fe dyfodd y ddau le hynny'n llawer iawn mwy na Dinas Powys. Datblygu'n fath o bentref i gymudwyr a wnaeth y lle hwn ac adeiladwyd tai sylweddol a hardd gan wŷr busnes cyfoethog a phobl broffesiynol ar gyrion yr hen bentref. Araf fu twf y lle tan tua 1945. Ers hynny mae wedi tyfu a datblygu nes ei fod bron â haeddu'r enw 'tref'.

Ceir olion castell y teulu de Sumerai ar y bryn uwchlaw'r pentref; castell a godwyd yn y ddeuddegfed ganrif. Yn union o dan yr adfeilion roedd un o hen felinau Bro Morgannwg. Fe'i codwyd yn ystod teyrnasiad Harri'r Chweched ac mewn bwthyn y tu ôl i'r felin yn y bedwaredd ganrif ar bymtheg y trigai'r bardd a'r eisteddfodwr Dewi Wyn o Esyllt. Fel ei dad o'i flaen bu yntau'n felinydd yma. Tŷ byw yw'r felin heddiw.

Yn ystod 1929-30 y codwyd Eglwys Sant Pedr yn olynydd i'r eglwys o haearn rhychog a gaed yma gynt. Yn neuadd yr eglwys mae Cymdeithas Gymraeg y pentref yn cyfarfod. Cyferfydd llawer o fudiadau a chymdeithasau yn Neuadd Lee ynghanol y pentref hefyd. Enwyd hon ar ôl y Cadfridog Herbert Lee, arglwydd y faenor o 1876 i 1920.

Eglwys Brewys

Yma ceir un o eglwysi lleiaf Bro Morgannwg, sef Eglwys Sant Brewys, adeilad a berthyn i'r drydedd ganrif ar ddeg. Mae'n debyg na fu mwy na dyrnaid o dai yma erioed tan yn ddiweddar; heddiw mae tai yr awyrlu wedi meddiannu'r ardal. Yn y pentref hwn y cafodd Thomas William, Bethesda'r Fro, wraig, sef Jane Morgan. O fewn yr eglwys fechan sydd ar gwr gorsaf Llu Awyr Sain Tathan mae murluniau ac adnodau a beintiwyd yn yr ail ganrif ar bymtheg, yn ogystal â llun enfawr o arfbais y brenin William a'i frenhines Mary. Ceir cawg digon amrwd lle golchid llestri'r offeren gynt yn yr adeilad hefyd, yn ogystal â bedyddfaen siâp twba. Oherwydd y difrod difrifol a wnaed i'r eglwys gan fandaliaid, nid yw'n agored bellach. Golwg drist a thorcalonnus iawn sydd ar yr adeilad erbyn hyn – y to a'r ffenestri wedi'u difrodi a rhan o'r wal derfyn wedi'i dymchwel. Gwnaed difrod i du mewn yr adeilad yn ogystal a hynny mewn pentref sy'n honni ei fod yn 'Ardal Gwarchod y Gymdogaeth'.

Eglwys Fair y Mynydd

Yma yn 1291 roedd fferm o ryw chwe chan erw o dir âr gan fynaich Abaty Nedd ac mae olion colomendy o'r drydedd ganrif ar ddeg ac olion adeiladau eraill wedi'u darganfod yn yr ardal.

Saif yr eglwys ar ei phen ei hun o fewn mynwent gron bedair milltir i'r dwyrain o Ben-y-bont ar Ogwr. Er mai eglwys ganoloesol ydyw fe'i hail-adeiladwyd yn 1803, 1879-81 ac wedyn yn 1884-5. Ychydig sydd ar ôl o'r adeilad gwreiddiol – bwa Normanaidd, cilfach lle cedwid llestri'r offeren a'r bedyddfaen. Ceir nifer o feini coffa o'r ail ganrif ar bymtheg a'r ddeunawfed ganrif y tu mewn i'r eglwys ynghyd â phenddelw o'r Archddiacon John Griffiths a fu farw yn 1897.

Yn yr Oesoedd Canol cynhelid ffair geffylau yma a pharhaodd ffair i gael ei chynnal yma ar Awst y 26ain am ganrifoedd. Bu'n arferiad gan dafarnwraig y *Fox and Hounds*, Llanhari, ddod â phabell gwrw i'r ffair ac yn y babell honno y byddai'r prydyddion a'r gwŷr llên yn ymgynnull mae'n debyg. Ceid glaw bron bob blwyddyn ar ddiwrnod y ffair a chan fod helynt ac ymladd yno'n flynyddol, dywedai'r hen bobl fod y glaw yn dod i olchi'r gwaed i ffwrdd! Heddiw mae

clwb golff modern yma y gellwch weld rhan ohono o'r draffordd ger Pen-coed.

Ewenni

Yn y pentref hwn, filltir a hanner i'r de o Ben-y-bont ar Ogwr, y ceir yr adeilad eglwysig Normanaidd cyfan mwyaf trawiadol yn y Fro. Sefydlwyd priordy yma yn y ddeuddegfed ganrif a chodwyd wal uchel a thrwchus o'i gwmpas yn ddiweddarach. Yma yr arhosodd Edward y Cyntaf ym mis Rhagfyr 1284 pan oedd yn ymgyrchu i ddarostwng y deheudir, a dywedir mai oddi yma y dechreuodd Harri'r Pedwerydd y cyrch i geisio codi gwarchae Owain Glyndŵr ar Gastell Coety ym mis Medi 1405. Pan ddiddymwyd y mynachlogydd yn 1534 dim ond tri mynach oedd yma. Daeth yn eiddo i Syr Edward Carne yn fuan a bu'r teulu hwnnw'n byw yma tan 1700. Dadfeilio'n araf oedd hanes y lle wedyn a phan beintiodd Turner lun o'r priordy tua 1800 roedd defaid yn crwydro ymhlith yr adeiladau. Corff hen eglwys y priordy yw'r eglwys blwyf bresennol. Nid plasty gwreiddiol y teulu Carne yw'r tŷ a welir yma heddiw. Dymchwelwyd hwnnw yn 1803 a chodwyd yr un newydd yn ystod 1803-5. Eiddo'r teulu Picton Turberville yw'r priordy.

Ar y tyle sy'n arwain i Dregolwyn roedd Soar, y capel – sydd erbyn hyn yn dŷ annedd – lle bu Edward Matthews yn weinidog. Bu'n byw yn y pentref o 1852 hyd 1864. Yn ogystal â phregethu ac ennill enwogrwydd mawr iddo'i hun, ysgrifennodd lawer am yr hen Forgannwg a'i bywyd. Ysgrifennodd gofiannau George Heycock a Siencyn

Priordy Ewenni

Penhydd ynghyd â nifer o erthyglau yn *Y Cylchgrawn* lle ceir portreadau bywiog a difyr o rai o gymeriadau enwog y Fro.

Bu Ewenni'n enwog ers canrifoedd am grochenwaith gan fod digon o glai addas at y gwaith hwn yn yr ardal. Yn 1805 roedd saith neu wyth crochendy yma ond heddiw dim ond dau sy'n dal yn agored.

Ffontygari

Canodd Islwyn gywydd yn canmol y llecyn hwn ar yr arfordir dair milltir i'r gorllewin o'r Barri, ac mae'n amlwg ei fod yn un o'i hoff fannau:

Holl swm fy ewyllys i
Yw tŷ ger Ffontygari.

Tŷ fferm Ffontygari oedd yr adeilad sy'n dwyn yr enw *Fontygary Inn* heddiw ac yma roedd Thomas, brawd Edward Matthews, Ewenni yn byw yn ystod y bedwaredd ganrif ar bymtheg.

Mae'n lle poblogaidd heddiw gan fod maes carafannau a pharc hamdden yma.

Ffwl-y-mwn

Pentref bychan ryw filltir i'r gogledd-ddwyrain o Aberddawan yw Ffwl-y-mwn sy'n cynnwys un o gestyll mwyaf diddorol y Fro. Codwyd y castell yn y ddeuddegfed ganrif gan Syr William St. John a bu pobl yn byw ynddo byth er hynny. Bu Lewis Morgannwg yn canu i'r teulu hwn yn yr unfed ganrif ar bymtheg. Wedi'r Rhyfel Cartref yn yr ail ganrif ar bymtheg gwerthwyd y castell i'r Cyrnol Philip Jones a bu ei deulu yma tan 1932. Daeth yn dirfeddiannwr cefnog iawn ac wrth gwrs ef a fu'n gyfrifol am drefnu angladd Oliver Cromwell yn Abaty Westminster yn 1658.

Crochendy Ewenni

Ailgynlluniwyd y castell yn llwyr yn y ddeunawfed ganrif gan Robert Jones ond gellir gweld nodweddion cynharach o hyd hwnt ac yma yn yr adeilad. Bu John Wesley yn ymweld â'r teulu'n gyson yn y ddeunawfed ganrif a bu'i frawd Charles yma hefyd. Ffermdy Ffwl-y-mwn oedd cartref cyntaf Thomas William, Bethesda'r Fro a'i briod Jane wedi iddynt briodi yn Eglwys Brewys yn 1790.

Pan ddaeth llinach y Jonesiaid ar yr ochr wrywol i ben etifeddwyd y castell a'r ystâd gan nith i Oliver Henry Jones. Roedd hi'n briod â Syr Seymour Boothby ac ŵyr iddynt hwy yw'r perchennog presennol, Syr Brooke Boothby.

Gwenfô

Pentref sy'n gorwedd mewn pantle ger ffordd yr A4050 rhwng Croes Cwrlwys a'r Barri yw Gwenfô. Fel mewn sawl pentref arall yn y Fro bu cryn dipyn o adeiladu yma ers y chwedegau ac mae'n dal i dyfu ryw ychydig o hyd.

Codwyd yr eglwys yn yr ail ganrif ar bymtheg a bu John Wesley'n pregethu droeon yma rhwng 1741 ac 1763. Yn 1834 agorwyd Capel Zoar gan y Methodistiaid Calfinaidd a pharhaodd yn achos Cymraeg ei iaith tan ddechrau'r ugeinfed ganrif. Yn 1972, wedi iddo gau, fe'i agorwyd eto – y tro hwn er mwyn cynnal Ysgol Sul Gymraeg i blant y cyffiniau a âi i'r ysgolion dyddiol Cymraeg. Pan leihaodd nifer y plant yn yr ardal daeth y drefn i ben ond cadwyd y drysau yn agored gan rai o drigolion di-Gymraeg y pentref a cheir gwasanaethau rheolaidd yno unwaith eto.

Bu aelodau o deuluoedd bonheddig Stradling, Thomas a Jenner yn byw y castell a oedd yma gynt ac roedd y Thomasiaid yn bwysig a blaenllaw iawn yn ystod yr ail ganrif ar bymtheg a'r ddeunawfed ganrif ond aethant i drafferthion ariannol. Gwerthwyd yr ystâd yn 1774 ac yn fuan wedyn lladdwyd y Cyrnol Frederick Thomas gan y Cyrnol Cosmo Gordon ar Fedi'r 4ydd, 1783 mewn gornest yn Hyde Park! Peter Birt, gŵr o Swydd Efrog, a brynodd yr ystâd a chodwyd plasty castellog newydd ganddo. Erbyn hyn dim ond adain ddwyreiniol yr adeilad sydd wedi goroesi a dyna gartref y clwb golff lleol heddiw. O fewn yr eglwys ceir cofebau arbennig o wych i William Thomas, Syr John Thomas ac i Peter Birt.

Codid y Fedwen Haf yn y pentref bob blwyddyn a cheir cerdd gan yr hen fardd dall Wiliam Robert o'r Ydwal, Llancarfan, yn sôn am daplas y pentref, am wisgo'r fedwen haf ac am y dawnswyr yn troi o'i chwmpas.

Larnog

Disgrifiad Aneurin Talfan Davies o'r pentref bach hwn sydd ddwy filltir i'r de o Benarth oedd 'fferm fechan, ychydig dai ac eglwys lai'. Ond dyma leoliad digwyddiad pwysig iawn yn hanes y byd. Oddi yma, ar y 18ed o Fai, 1897, yr anfonwyd y neges radio gyntaf ar draws dŵr gan Marconi a George Kemp, gŵr o Gaerdydd, a hynny i Ynys Echni dros dair milltir i ffwrdd. Ceir carreg yn nodi'r digwyddiad ar fur mynwent Eglwys Sant Lawrence. Mae'r eglwys fechan hon yn mynd yn ôl i'r ddeuddegfed ganrif ond gwnaed tipyn o waith arni, yn enwedig ar y to, yn 1852.

Canodd Saunders Lewis gerdd fer i'r lle hwn. Rhoes enw Saesneg gwreiddiol y pentref fel teitl iddi, sef Lavernock, ac mae'n gwbl addas ei fod wedi sôn am gân ehedydd ynddi oherwydd ystyr yr enw, yn ôl yr Athro Gwynedd O. Pierce, yw 'bryncyn a fynychir gan ehedyddion'.

Lecwydd

Yr enw personol Helygwydd sydd y tu ôl i enw'r pentref bychan hwn sydd ar fryn ddwy filltir i'r de-orllewin o Gaerdydd ar ffordd y B4267. Ceir golygfa wych o'r ddinas o'r bryn ac wrth ddod i lawr y rhiw tuag ati. Sant Iago a goffeir yn enw'r eglwys, adeilad a ailadeiladwyd yn 1866 ond sydd bellach wedi cau. Yn y pentref hwn y trigai'r teulu Shirley a goffeir yn enwau rhai o heolydd Caerdydd. Yn y cyffiniau ceir pont tri bwa o'r Oesoedd Canol ac nid nepell mae cylchgaer o'r ddeuddegfed ganrif a ffermdy â waliau o'r Oesoedd Canol yn rhan ohono.

Llanbedr-y-fro

Llanbedr-ar-fro, meddai'r Athro Griffith John Williams, yw enw'r pentref hwn sydd ar lan afon Elái saith milltir i'r gorllewin o Gaerdydd. Yma mae Capel Croes-y-parc sy'n perthyn i enwad y Bedyddwyr. Arferid bedyddio pobl yn yr afon ger y bont sy'n agos i'r capel ac yno y bedyddiwyd yr emynydd Dafydd William yn 1777 pan godwyd y capel cyntaf yma. Yn 1843 y codwyd y capel presennol ac yn y fynwent mae bedd a chofgolofn Dafydd William.

Roedd yn fwriad gan John a Reginald Cory, perchenogion gweithfeydd glo o'r Dyffryn, i godi mil o dai yma ac enwi'r lle yn *Glyn Cory Garden Village*. Dechreuwyd ar y gwaith yn 1909 ond erbyn 1914 dim ond dau dŷ ar hugain oedd wedi'u codi, sef tai Wyndham Park, ac ni chodwyd rhagor ganddynt.

Mae bwa'r gangell yn yr eglwys bresennol yn perthyn i'r bedwaredd ganrif ar ddeg a'r bedyddfaen i'r bymthegfed ganrif ond ailadeiladwyd y gangell ei hun yn ystod 1890-1. Dyna pryd y rhoddwyd y ffenestr liw yn rhan ddwyreiniol y gangell hefyd.

Gwelir y *Sportsman's Rest* – un o ddau dŷ tafarn y pentref (*Three Horseshoes* yw'r llall) – yn aml ar y teledu. Fe'i defnyddiwyd ar gyfer golygfeydd allanol yn y gyfres 'Fo a Fe' ac yn yr opera sebon 'Pobol y Cwm'.

Yn y pentref hwn roedd yr awdur a'r llenor Eingl-Gymreig Gwyn Thomas yn byw.

Llanbydderi

Pentref bychan ym mhlwyf Llancarfan a thua milltir i'r gorllewin o'r pentref hwnnw yw Llanbydderi. Darganfuwyd olion fferm o'r cyfnod Rhufeinig yma ac mae'n ddigon posibl fod fferm yno mewn cyfnod cynharach. Daw'r ffordd sy'n arwain i'r pentref i ben ychydig i'r gorllewin iddo. Mae un tafarn yma – y *Wild Goose*. Coffáu enw hen dirfeddiannwr yn yr ardal a wna enw'r dafarn, sef Syr John Wildgoose. Yn yr unfed ganrif ar bymtheg ef oedd perchennog Melin Llancarfan ac roedd ganddo diroedd yn Nhresimwn a Gwenfô yn ogystal ag yn Llancarfan. Hanner cant ac wyth o bobl oedd yn byw yma yn yr ail ganrif ar bymtheg a cheid ugain o dai annedd yn y pentref.

Llancarfan

Pentref atyniadol ar lawr y cwm yw Llancarfan, ddwy filltir i'r de o'r A48 yn Nhresimwn a rhyd yn ogystal â phont i groesi'r afon. Bu'n ganolfan crefyddol pwysig yn y chweched ganrif pan sefydlodd Sant Cadog eglwys yma. Daeth yn sefydliad addysgol o dan ei arweiniad ef a thrwy ei ymdrechion lledodd ei ddylanwad drwy dde Cymru, i Ystrad Clud yn yr Alban a thros y dŵr i Lydaw. Mae'r eglwysi niferus sy'n dwyn ei enw yn dyst i'w enwogrwydd a'i ddylanwad. Yn y ddeuddegfed ganrif ysgrifennwyd ei fuchedd gan ŵr o'r enw Lifris ac yna yn y bedwaredd ganrif ar ddeg, yn Gotha yn yr Almaen, daethpwyd o hyd i fuchedd arall iddo a chredir mai Caradog o Lancarfan yw ei hawdur.

Pan ddaeth y Normaniaid yma yn yr unfed ganrif ar ddeg roedd Llancarfan yn dal yn ganolfan crefyddol o bwys ac mae'r eglwys bresennol yn cynnwys rhannau a godwyd yn y drydedd ganrif ar ddeg, y bedwaredd ganrif ar ddeg a'r bymthegfed ganrif. Prif ogoniant yr eglwys yw'r reredos pren cerfiedig o'r drydedd ganrif ar ddeg.

Mae nifer o ffynhonnau yn y plwyf a dŵr rhai ohonynt yn llesol at wella afiechydon. Roedd un ffynnon yn enwog am wella clwy'r brenin neu'r manwyn a rhai eraill am wella'r fflamwydden. Mae'n debyg y gwneid pâst o bridd cleiog y ffynhonnau a'i daenu dros y rhannau a ddioddefai o'r gwahanol glefydau. Clymid carpiau ar y llwyni yng nghyffiniau'r ffynhonnau. Dywedid hefyd nad yfai'r gwartheg ddŵr o'r ffynhonnau hyn ac na ellid defnyddio'r dŵr i baratoi bwydydd nac i olchi llestri'r gegin a'r llaethdy ychwaith.

I'r dwyrain o'r pentref ceir bryngaer Castle Ditches ac ym Mhennon ar y llethr uwchlaw'r pentref y ganed Iolo Morganwg. Yn ei gyfnod ef roedd y pentref yn enwog am ei daplasau, ei ddawnswyr a'i gerddorion. Bu yma adeilad arbennig i ddawnsio ynddo fel ag yr oedd mewn ambell le arall yn y Fro. Roedd pedair melin yma gynt gan gynnwys un felin wlân. Cant a phymtheg oedd poblogaeth y pentref yn yr ail ganrif ar bymtheg a cheid deunaw ar hugain o dai yma.

O'r plwyf hwn, o Dre-gof, y deuai David Davies, 'Dai'r Cantwr', un o dderfysgwyr Beca a ddedfrydwyd i ugain mlynedd o alltudiaeth yn Tasmania ym mis Rhagfyr 1843 ac a fu farw yno yn 1874.

Llancatal

Pentref bychan ym mhlwyf Llancarfan, filltir i'r gogledd o Aberddawan a milltir a hanner i'r de-orllewin o Lancarfan yw Llancatal. Bu yma bentref yn yr Oesoedd Canol ac roedd yn un o'r pum maenoriaeth ym mhlwyf Llancarfan. Am ryw reswm ni pharhaodd yn ei faint gwreiddiol ac aeth yn llai ac yn llai. Pentref ynghanol caeau agored lle codid cnydau ŷd ydoedd yn wreiddiol. Erbyn 1622 roedd 486 erw o'r tir âr wedi'u cau a'u trefnu'n 162 o gaeau a gâi eu ffermio gan 22 o denantiaid. Dim ond y tir pori oedd yn dal yn agored ac yn cael ei ddal ar y cyd. Roedd tua chant o bobl yn byw yma'r adeg hon ac roedd chwech ar hugain o dai yma.

Bu capel anwes yn perthyn i Eglwys Llancarfan yma ond fe'i trowyd yn dŷ annedd mor gynnar â'r unfed ganrif ar bymtheg a dim ond yn gymharol ddiweddar y dymchwelwyd yr hen le. Mae yma dafarn – y *Green Dragon* – a honnir bod ysbryd yn ei gerdded.

Llandochau Fach

Heddiw, Ysbyty Llandochau a agorwyd yn 1933 sy'n dwyn enwogrwydd i'r pentref hwn ddwy filltir a hanner i'r gogledd-orllewin o Benarth. Rhwng 1946 ac 1986 roedd yma ward arbennig – Ward Mabon – ar gyfer trin afiechydon glowyr.

Yn 1979, wrth baratoi ar gyfer codi fflatiau ynghanol y pentref, daethpwyd o hyd i olion fila Rufeinig. Er bod y fangre o bwys neilltuol, ni lwyddwyd i'w harbed rhag yr adeiladwyr. Gerllaw'r fan hon ym mynwent Eglwys Sant Dochdwy ceir carreg Geltaidd a elwir Maen Irbic sy'n perthyn i'r ddegfed ganrif neu i'r unfed ganrif ar ddeg. Ond adeilad o'r bedwaredd ganrif ar bymtheg yw'r eglwys. Tynnwyd yr hen eglwys i lawr a chodi'r un newydd yn 1866. Mae un bwa Normanaidd yn dal ynddi.

O'r plwyf hwn yr hanai Edward William, tad Iolo Morganwg.

Llandochau'r Bont-faen

Yma yn eglwys fechan Sant Dochdwy y bu John Walters y geiriadurwr yn rheithor yn y ddeunawfed ganrif. Bernir nad yw'r eglwys yn llawer cynharach na'r bymthegfed ganrif ond fe'i hadnewyddwyd yn egr yn 1869. O'i mewn ceir un maen coffa gyda'r tristaf erioed, sef yr un sy'n cofnodi marwolaeth tri mab ifanc Charles Basset a fu farw o fewn mis i'w gilydd yn 1713. Yn rhyfedd iawn nid oes dim yma i goffáu John Walters.

Dechreuodd y neuadd bentref ei rhawd fel ysgubor ac yna yn 1859 fe addaswyd yr adeilad ar gyfer cynnal ysgol ynddo. Fe fu castell Normanaidd yma ond ychydig iawn ohono sydd i'w weld bellach. Bu pentref o Oes yr Haearn ac o gyfnod y Rhufeiniaid yma hefyd a gallai fod fila Rufeinig wedi'i lleoli yma gan fod olion hen faddondy wedi'u darganfod.

Llandŵ

Dywedir mai yn y pentref hwn, bedair milltir i'r gorllewin o'r Bont-faen, y dechreuodd gwir draddodiad hela cadno yn y Fro pan sefydlodd T. Mansel Talbot stablau yma a phrynu cnud o gŵn tua 1870. Gan nad oedd llawer o gadnoid yma bu raid mewnforio rhai o Ffrainc mae'n debyg.

Mae rhannau o Eglwys y Drindod Sanctaidd yn perthyn i'r ddeuddegfed ganrif a'r drydedd ganrif ar ddeg. Cafodd ei hadnewyddu yn 1718 a hefyd yn 1889-90. Mae dau dŷ hanesyddol yn sefyll o bobtu i'r eglwys sef Church Farm, a godwyd yn dŷ i'r offeiriad yn wreiddiol yn ystod y bedwaredd ganrif ar ddeg, a'r Tŷ Mawr sy'n perthyn i'r unfed ganrif ar bymtheg gydag ychwanegiadau o'r ddeunawfed ganrif.

Tua hanner milltir i'r de o'r pentref saif Sutton, tŷ a godwyd gan Edward Turberville tua diwedd yr unfed ganrif ar bymtheg, ac i'r tŷ hwn y deuai'r bardd Dafydd Benwyn i ganu'i gerddi.

Ychydig i'r gogledd o'r eglwys roedd Ffynnon y Drindod y credid gynt fod ei dŵr yn gwella afiechydon y croen. Yn y cyffiniau mae hen gladdfeydd o'r Oes Efydd hefyd.

Yn ogystal â stad ddiwydiannol mae

lle rasio ceir yma hefyd ar hen orsaf y Llu Awyr. Ar Fawrth y 12fed, 1950 cwympodd awyren a gariai 78 o gefnogwyr tîm rygbi Cymru yn ôl o gêm ryngwladol yn Iwerddon i gae ryw hanner milltir o'r maes awyr hwn a lladdwyd 75 ohonynt ynghyd â'r 5 aelod o'r criw.

Llanddunwyd

Yn ôl Iolo Morganwg yma yn yr eglwys, yn union o dan gloch y dyrchafael sy'n hongian wrth fwa'r gangell, y claddwyd Owain Glyndŵr! Yn y drydedd ganrif ar ddeg y sefydlwyd yr eglwys ac mae corff yr eglwys, y gangell, rhan isaf y tŵr a'r bedyddfaen yn perthyn i'r ganrif honno. Codwyd porth yr eglwys yn y bedwaredd ganrif ar ddeg ac mae sawl ffenestr yn ogystal â tho'r eglwys yn perthyn i'r bymthegfed ganrif a chodwyd rhan uchaf y tŵr yn yr unfed ganrif ar bymtheg.

Honnid gynt fod y tylwyth teg a choblynnod yn hynod hoff o'r ardal hon a'u bod yn byw a bod yma. Arferid codi'r Fedwen ar y groes yn y fynwent ar Ddydd Llun y Pasg a'i gwisgo â rubanau. Rhag iddi gael ei dwyn gan bobl ifainc o bentrefi cyfagos penodid gwylwyr i ofalu amdani am bedwar diwrnod a phedair noson.

Mae gan y canwr byd-enwog Tom Jones dŷ yn y pentref hwn sydd dair milltir i'r gogledd-ddwyrain o'r Bont-faen.

Llan-faes

Pentref bychan iawn oedd yr hen bentref hwn yn cynnwys maenordy, bythynnod, ffermydd a dau dafarn – y *Blacksmith's Arms* a'r *Brown Lion*. Dim ond un tafarn, y *Blacksmith's Arms,* sydd yma heddiw.

Ers y 1970au dechreuwyd adeiladu yn yr ardal ac erbyn hyn mae llawer iawn o dai yma. Nid yw ond milltir i'r gogledd-ddwyrain o Lanilltud Fawr a phedair milltir i'r de o'r Bont-faen.

Mae Eglwys Sant Catwg yn perthyn i'r drydedd ganrif ar ddeg ac o'i mewn ceir bedyddfaen o'r ddeuddegfed ganrif a rhan o furlun o Sant Siôr a'r Ddraig. Yn y fynwent mae gwaith carreg a gynhaliai groes gynt. Gyferbyn ag ochr ddwyreiniol yr eglwys mae'r tŷ a godwyd i'r Parchedig Illtyd Nicholl, rheithor y plwyf rhwng 1699 ac 1733. I'r de-ddwyrain o'r eglwys wedyn, y tu ôl i dai modern, mae adfeilion Castell Malefant o'r drydedd ganrif ar ddeg i'w gweld.

Yng nghofrestri'r plwyf cyfeirir at angladd Ivan Yorath ar Orffennaf yr 17eg, 1621 pan oedd yn 180 mlwydd oed, gan ddweud hefyd iddo ymladd ym Mrwydr Maes Bosworth yn 1485! Cofnodir angladd henwr arall 177 mlwydd oed yn ogystal!

Rhyw dri chwarter milltir i'r de-orllewin o'r pentref mae Capel Bethesda'r Fro a godwyd yn 1806 ac wrth ochr yr adeilad mae bedd yr emynydd Thomas William, gweinidog cyntaf yr achos. Mae'r pulpud a'r seddau presennol wedi bod yma ers tua 1820.

Yng nghyfrol rhif 19 o'r *Llenor* (1940) mae'r stori fer 'Bethesda'r Fro' gan yr Athro W. J. Gruffydd lle mae'n dychmygu Thomas William yn dychwelyd o'r capel i Drefflemin un nos Sul ac yn cael gweledigaeth o'r dyfodol.

Llan-fair

Pentref bach cryno, dair milltir i'r de o'r Bont-faen yw Llan-fair, wedi'i godi o gwmpas yr eglwys a'r rheithordy. Sefydlwyd yr eglwys yn yr Oesoedd Canol ond fe'i hadnewyddwyd yn llwyr yn 1862. Erbyn heddiw dim ond to'r gangell a tho corff yr eglwys sy'n perthyn i'r Oesoedd Canol. Mae'r bedyddfaen plaen a'r pisgina o'r un cyfnod hefyd.

Yn yr eglwys hon yn 1781 y priodwyd Iolo Morganwg a Margaret Roberts (Pegi) gan John Walters y geiriadurwr, rheithor Llandochau, ac yn ei law ef y cofnodwyd y briodas yng nghofrestr y plwyf. Am ryw ddwy flynedd wedi iddo briodi bu Iolo'n byw yn Llan-fair ac yma y ganed ei ferch, Margaret, y gwelir ei bedd yn ymyl porth eglwys Llanilltud Fawr. Ceir carreg fedd tad-yng-nghyfraith Iolo, Rees Robert ap Rees, ar y llawr dan dŵr yr eglwys a Iolo'i hun a'i cerfiodd.

Yn ymyl y bedd hwn ceir beddfaen Thomas Wilkins, yr hynafiaethydd, a'i deulu. Bu ef yn rheithor y plwyf yn yr ail ganrif ar bymtheg ac ef fu'n gyfrifol am godi'r rheithordy. Roedd ganddo lyfrgell odidog a bu llawysgrifau pwysig megis *Llyfr Coch Hergest*, *Llyfr Ancr Llanddewibrefi* a *Gwasanaeth Meir* ar y silffoedd yno. Roedd yn gasglwr llawysgrifau ac mae llawysgrif o'i waith ef ei hun – *Analectica Morganica*, sef casgliad o bob math o wybodaeth am Forgannwg – yn Llyfrgell Dinas Caerdydd. Gan Thomas Wilkins y cafwyd yr wybodaeth fod Lewis Morgannwg yn byw *'in Cowbridge by the Crosse there'*.

Rhyw filltir i'r de-ddwyrain mae fferm Fishweir, tŷ o'r unfed ganrif ar bymtheg

a ddefnyddid fel cartref meibion hynaf Bassetiaid y Bewpyr. Yma yn Llan-fair y ceir yr ysgubor dalaf yn y Fro – ysgubor wyth golau ac er nad oes to arni erbyn hyn mae'n cael gofal.

Llanfihangel-ar-Elái

Saif Llanfihangel-ar-Elái i'r de o Sain Ffagan a phedair milltir i'r gorllewin o Gaerdydd. Adnewyddwyd yr hen eglwys ganoloesol yn go lwyr yn 1863-4 ond mae rhan isaf wal corff yr eglwys yn waith crefftwyr y ddeuddegfed ganrif. Mae'r drws deheuol yn perthyn i'r bedwaredd ganrif ar ddeg ac mae ffenestri o'r bymthegfed ganrif yma'n ogystal. Mae arfbais Iestyn ap Gwrgant wedi'i cherfio mewn pren i'w gweld ar wal y tu mewn i'r eglwys a'r dyddiad 1546 arni a'r cyfan i gofnodi trosglwyddo eiddo gan aelod o'r teulu Malefant. Ceir cofeb ar wal y festri yn cofnodi marwolaeth gŵr yn gant a saith oed – cofeb ddwyieithog Gymraeg a Lladin.

Wrth wal ddeheuol yr eglwys y claddwyd y dyddiadurwr William Thomas y mae ei ddyddiadur, yn ôl y Dr Gomer M. Roberts 'yn gronicl manwl a phwysig o ddigwyddiadau sir Forgannwg' yn y ddeunawfed ganrif. Copïwyd rhan helaeth o'r dyddiadur gan David Jones, Wallington ac mae'r copi hwnnw yn Llyfrgell Caerdydd. Erbyn hyn mae'r dyddiadur gwreiddiol wedi dod i'r fei a chaiff ei gadw yn yr un llyfrgell. Yn 1995 cyhoeddwyd fersiwn dalfyredig ohono wedi'i olygu gan Roy Denning.

Bu cryn dipyn o adeiladu yn yr ardal hon dros y blynyddoedd ac mae yma boblogaeth sylweddol erbyn hyn. Y plwyf hwn o 299 erw oedd y plwyf gwledig lleiaf ym Morgannwg.

Llanfihangel-y-pwll

Pentref bychan bedair milltir i'r deorllewin o Gaerdydd yw Llanfihangel-y-pwll, mewn man diarffordd ond atyniadol ynghanol bryniau coediog. Gerllaw'r eglwys mae teras bach dymunol o dai a godwyd yn 1860 a cheir tai cyngor o gynllun syml ond cwbl addas yma'n ogystal. Mae twr yr eglwys ynghanol yr adeilad rhwng y gangell a chorff yr eglwys. Ceir gwaith carreg o'r bedwaredd ganrif ar ddeg yma ac mae'r porth a rhai o'r ffenestri yn perthyn i'r bymthegfed ganrif. Y tu mewn i'r eglwys mae pulpud trillawr, yr unig un o'i fath yn y Fro, ac mae'r seddau i gyd yn ei wynebu. Mae'r porth i'r fynwent yn coffáu tri milwr o'r pentref a laddwyd yn ystod rhyfel 1914-18.

Hanner milltir i'r gorllewin mae plasty Cwrt-yr-Ala. Yn 1939-40 y codwyd y tŷ presennol i Syr Hubert Merritt. Roedd yr hen dŷ, a godwyd yn 1820 ac a ehangwyd yn 1850 ac 1876, yn llawer mwy trawiadol na'r adeilad neo-Sioraidd presennol. Mae nifer o lynnoedd bychain o dan ochr ddeheuol y tŷ.

Yng nghyffiniau'r pentref mae'r hen fryngaer y bu Leslie Alcock yn ei chloddio yn 1954. Roedd yn lle pwysig dros ben ac yn llys i'r gwŷr a deyrnasai yn yr ardal rhwng y bumed a'r ddeuddegfed ganrif.

Heddiw mae rhyw gant ac ugain o dai o fewn y plwyf.

Llanfleiddan

Pan ymwelodd Thomas Carlyle â'r pentref hwn tua 1850 fe'i disgrifiodd fel un o'r pentrefi glanaf a welodd yng Nghymru. Saif ar lethr serth filltir i'r deorllewin o'r Bont-faen gyda'i eglwys ar gopa'r bryn. Codwyd twr yr eglwys yn 1477 a hynny, meddir, gan Anne Neville, gwraig Richard y Trydydd. Mae'r gangell yn perthyn i'r ddeuddegfed ganrif a rhannau eraill i'r bedwaredd ganrif ar ddeg. Adnewyddwyd yr adeilad yn 1896-7.

Yn ogystal â hen eglwys, ceir adfeilion Castell Sant Quentin yma ac ar y bryn mae Caer Dynnaf, hen fryngaer dros naw erw mewn maint o Oes yr Haearn. Bu yma felin wlân a gynhyrchai wlanen ddu â streipiau main o goch llachar i'r gwragedd a gasglai gocos ym Mhen-clawdd. Roedd y ffatri'n enwog hefyd am ei brethyn llwyd a dim ond adeg y Rhyfel Byd Cyntaf y daeth i ben. Mae gwŷdd ac olwyn ddŵr o'r ffatri yn Amgueddfa Werin Cymru yn Sain Ffagan.

Bu bragdy a ddefnyddiai hopys a dyfid yn lleol yma tan 1928 a thu allan i'r *Picton*, tafarn a fu yma unwaith, roedd pabell ddawnsio yn gynnar yn y bedwaredd ganrif ar bymtheg. Adeilad ydoedd gydag ochrau o wiail plethedig wedi'u gosod rhwng y cynhalbyst a tho cawn ar y cyfan. Câi ei ddefnyddio gan yr ieuenctid ddwywaith a theirgwaith yr wythnos ac yma y cedwid yr offer a'r gwisgoedd dawnsio, ond llosgi'n ulw fu ei hanes.

Yn y ddeunawfed ganrif bu un o ysgolion Griffith Jones yma ac yn yr un ganrif, tua 1760, llofruddiwyd pacman yn Heol y Felin a bu ei ysbryd yn aflonyddu'r fan am amser hir. Wrth ledu'r ffordd tua 1840 daethpwyd o hyd i esgyrn dynol a byth er hynny ni welwyd yr ysbryd. Ond dywedir bod

ysbryd yn awr yn nhafarn *Cross Inn* –
ysbryd gwraig o'r enw Martha!

Llan-gan

Pan oedd David Jones, gŵr o Lanllwni,
sir Gâr, yn offeiriad yma yn ail hanner
y ddeunawfed ganrif, y pentref hwn
sydd bedair milltir i'r dwyrain o Ben-y-
bont ar Ogwr oedd prif gyrchfan
Methodistiaid Bro Morgannwg. Tyrrai'r
tyrfaoedd o bell ac agos i dderbyn y
cymun ganddo. Mae'r eglwys wedi'i
henwi ar ôl y Santes Canna y credir ei
bod yn wraig i Sant Sadwrn, sef brawd
Illtud. Dywedir hefyd mai hi oedd mam
Crallo, sylfaenydd Llangrallo. Ail-
adeiladwyd yr eglwys bron yn gyfan
gwbl yn 1869 ac felly dim ond ychydig
o'r hen adeilad sydd i'w weld ond
mae'r bedyddfaen yn perthyn i'r
drydedd ganrif ar ddeg. O flaen yr
eglwys ceir croes Geltaidd odidog o'r
bymthegfed ganrif ac mae croes
Geltaidd arall fwy amrwd yn perthyn i'r
nawfed neu'r ddegfed ganrif yma'n
ogystal.

Mae pobl wedi byw yma ers yr Oes
Efydd ac yn ddiweddarach daeth y
Rhufeiniaid yma gan fod mwyn plwm
yn yr ardal. Buwyd yn cloddio amdano
am ganrifoedd a gellir gweld olion y
gwaith hwn yma o hyd. Ger yr ysgol
daethpwyd o hyd i fynwent Rufeinig.

Fel yn achos Pen-llin a Thre-os,
maenoriaeth tyfu ŷd oedd y lle'n
wreiddiol.

Llangrallo

Pentref genedigol Ann Matthew, mam
Iolo Morganwg, a'r lle bu Thomas
Richards y geiriadurwr yn offeiriad am
ddeugain mlynedd yw Llangrallo.
Erbyn heddiw mae poblogaeth y
pentref, sydd ddwy filltir i'r dwyrain o

Ben-y-bont ar Ogwr ac sydd bron â
chael ei lyncu gan y dref honno, dros
ddwy fil. Mae yma eglwys sylweddol a
godwyd tua diwedd y drydedd ganrif ar
ddeg ac y cyfeirir ati weithiau fel
'eglwys gadeiriol y Fro'. Bu raid
ailadeiladu'r gangell a'r ale groes
ddeheuol yn 1888 wedi i ran uchaf y
tŵr syrthio yn 1877. Yr henebion hynaf
oll yma yw carreg ag arni'r enw
'Ebisar' sy'n perthyn i'r ddegfed ganrif
neu i'r unfed ganrif ar ddeg a chroes
Geltaidd o'r bymthegfed ganrif.
Arferai'r rhain fod yn y fynwent ond
gan i ddifrod gael ei wneud iddynt
pan syrthiodd y tŵr, symudwyd y
gweddillion i mewn i'r eglwys. Yn
yr eglwys hefyd ceir llestri cymun
piwtar Dafydd Jones, Llan-gan. I
nodi daucanmlwyddiant marwolaeth
Thomas Richards dadorchuddiwyd
maen coffa iddo yn 1990. Yn y fynwent
hon hefyd y gorwedd mam Iolo
Morganwg ond nid oes dim i nodi man
ei bedd.

Bu Thomas ab Ieuan o Dre'r-bryn,
Llangrallo, wrthi'n ddygn tua 1680 yn
copïo gwaith y genhedlaeth gyntaf o
gywyddwyr Morgannwg ac yn y plwyf
hwn y trigai'r clerwr Llywelyn ab Ifan
yn hanner cyntaf y ddeunawfed ganrif.

Llanhari

Pentref bedair milltir i'r gogledd o'r
Bont-faen yn ymyl traffordd yr M4 yw
Llanhari. Dywedid gynt mai yma y
canai'r gog gyntaf ym Morgannwg bob
blwyddyn. Bu pobl yn byw yma ers yr
Oes Efydd a darganfuwyd ysgerbwd
gŵr tua phymtheg ar hugain oed o'r
cyfnod hwnnw yma yn 1929. Daeth y
Rhufeiniaid yma gan fod mwyn haearn
yn y ddaear a bu cloddio'r mwyn

haearn hwn yn bwysig yn hanes y pentref ar hyd y canrifoedd. Danfonid cymaint â 200,000 tunnell o fwyn haearn y flwyddyn oddi yma i waith dur East Moors yng Nghaerdydd. Yn 1976 caewyd y gwaith a chafodd hyn effaith drom iawn ar y pentref. Hwn oedd y gwaith mwyn haearn olaf yng Nghymru. Yn ystod y bedwaredd ganrif ar bymtheg agorwyd gwaith glo a gwaith brics yma a chodwyd ffwrnes olosg a bragdy yn ogystal.

Ailadeiladwyd eglwys ganoloesol Sant Illtud yn 1868 ac o ganlyniad ychydig o'r adeilad gwreiddiol sydd i'w weld ond mae yma fedyddfaen o'r bymthegfed ganrif.

Yn y plwyf hwn rhwng tua 1610 ac 1630 y canai'r bardd digon cyffredin ei ddoniau, Tomas Lewis o Lechau, ac yn ystod ail hanner yr unfed ganrif ar bymtheg bu bardd o'r enw Morgan Powel yn offeiriad yma. Yma hefyd yn y Tyle Garw yn y ddeunawfed ganrif y trigai'r clerwr Thomas Morgan a ganodd gân i 'Glych y Coety' ar y mesur tri thrawiad.

Mae Llanhari'n enwog heddiw am yr Ysgol Uwchradd Gymraeg a agorwyd yn y pentref ym mis Medi 1974.

Llanilid

Pentref bychan gwasgarog yn cynnwys eglwys a ffermdai yw Llanilid, filltir a hanner i'r dwyrain o Ben-coed. Mae'r eglwys, sydd wedi'i chysegru i Sant Ilid a Sant Curig, yn sefyll ar ei phen ei hun yn y caeau. Mae'n hen eglwys a'r bedyddfaen cerfiedig yn perthyn i'r drydedd ganrif ar ddeg. Ceir ffenestri o'r cyfnod Tuduraidd ac o'r ail ganrif ar bymtheg ynddi hefyd. Adnewyddwyd hi yn 1882-3. Mae iddi

le canolog ym mreuddwydion Iolo Morganwg oherwydd iddo ef, hon oedd mam holl eglwysi Prydain gan y tybiai mai enw arall ar Joseff o Arimathea oedd Ilid!

Yn union y tu ôl i'r eglwys mae amddiffynfa gylch sydd gyda'r orau o'i bath yn y de, er bod nifer o goed yn cuddio'r domen. Codwyd hi yn y ddeuddegfed ganrif ond i Iolo, 'Tre Frân', anheddle Brân Fendigaid ydoedd! Gellir gweld y ffos a'r clawdd yn glir iawn.

Bu melin ddŵr yn Felindre a oedd yn eiddo i farchogion Urdd Sant Ioan ond pan ddiddymwyd yr Urdd yn 1540 prynwyd hi gan John Thomas Basset, Tresimwn. Defnyddir meini'r felin fel bordydd o flaen tafarn y *Fox and Hounds*.

Ym mynwent yr eglwys ceir llawer o gerrig beddau o'r cyfnod Victoraidd ac Edwardaidd yn nodi man claddu nifer o wŷr a gwragedd o Ben-coed. Claddwyd hwy yma am nad oedd eglwys ym Mhen-coed tan 1915.

Sefydlwyd seiat gan y Methodistiaid Calfinaidd yn 1743 a gwreiddiodd y Diwygiad Methodistaidd yn ddwfn yma a cheid cynulleidfa niferus erbyn 1744. Ceid dwy ffynnon yn yr ardal – Ffynnon Garadog a Ffynnon Geri. Gadewid pilyn o ddillad rhywun ymadawedig wrth Ffynnon Geri er mwyn cael gwared â'r clefyd angheuol.

Cloddir glo brig ar raddfa fawr o fewn y plwyf heddiw.

Llanilltud Fawr

Tref hynafol bum milltir i'r de o'r Bont-faen ar ffordd y B4268 yw Llanilltud Fawr ac un o ganolfannau pwysicaf Cristnogaeth yn y wlad hon. Yma y sefydlodd Sant Illtud ei ganolfan yn gynnar yn y chweched ganrif ac addysgwyd niferoedd mawr yno. Er nad oes dim o'r adeiladau gwreiddiol wedi goroesi, mae'r meini coffa a gedwir yn yr adeilad presennol, sy'n perthyn i'r ddeuddegfed ganrif, yn mynd â'r hanes gweladwy yn ôl i'r nawfed ganrif. Eglwys Sant Illtud yw eglwys blwyf fwyaf Bro Morgannwg ac mae iddi bedair rhan: cangell, corff yr eglwys â thŵr uwchben, y rhan hir a chul a elwir 'yr eglwys orllewinol' a phorth deulawr yn arwain iddi, ac yna'r adfail ddi-do yn rhan fwyaf gorllewinol y fangre. O'i mewn ceir casgliad o feini coffa megis y groes sy'n coffáu Hywel ap Rhys, brenin Glywysing a fu farw yn 886; y groes i'r Abad Samson ac i Ithel, brenin Gwent, a fu farw yn 848 ynghyd â maen coffa i ryw Samson arall. Ceir pileri a meini eraill yma hefyd yn perthyn i'r ddegfed ganrif. Ceir sawl murlun o fewn yr eglwys yn perthyn i'r cyfnod rhwng y drydedd ganrif ar ddeg a'r bymthegfed ganrif. Wrth ochr y llwybr ychydig i'r chwith o borth yr eglwys mae carreg fedd Margaret Williams, merch Iolo Morganwg.

Roedd Abaty Tewkesbury'n berchen ar lawer o dir ym Morgannwg ac yn gynnar yn y ddeuddegfed ganrif cafodd dir yn Llanilltud Fawr. Gwelir olion adeiladau'r fferm a godwyd yma yn y caeau i'r gorllewin o'r eglwys. Yma hefyd mae'r colomendy a godwyd yn y drydedd ganrif ar ddeg.

Yn 1888 daethpwyd o hyd i fila Rufeinig ychydig i'r gogledd-orllewin o'r dref sef fila Caermead. Ailgloddiwyd y fan yn 1938 a gwelwyd fod pymtheg o ystafelloedd yn yr adeilad â llawr mosäig hardd. Y cyfan a welir heddiw yw llwyfan petryal a gwrymiau gwyrddlas yn dangos waliau ystafelloedd yr adeilad eang. Uwchben ochr ddwyreiniol y maes parcio ger y traeth ceir bryngaer drionglog Castle Ditches – hen amddiffynfa o'r Oes Haearn.

Mae nifer o adeiladau hynafol yn y dref megis Neuadd y Dref, sy'n perthyn i'r unfed ganrif ar bymtheg fel y mae tafarn yr *Old Swan*, tafarn lle bu Churchill, Chamberlain, Bette Davies a Sammy Davies Jnr. yn yfed yn ôl y sôn. O'r un ganrif y daw adeilad tafarn yr *Old White Hart* hefyd.

Bu'r dref yn dra enwog am chwarae Bando ar un adeg ac ystyriai'r chwaraewyr eu hunain yn dipyn o bencampwyr! Ar Fai y 6ed bob blwyddyn cynhelid Dydd Annwyl Llanilltud pryd y portreadid sut y daliwyd môr-leidr Gwyddelig o'r enw O'Neill. Yna llosgid delw wellt ohono mewn cae ger Col-huw. Heddiw mae'r caeau o gwmpas Col-huw yn rhan o warchodfa natur.

Yma y maged yr archeolegwr a'r awdur J.E. Daniel a ysgrifennai nofelau o dan yr enw Dilwyn Rees a brodor o'r fan yma hefyd oedd yr Athro W.H. Davies, pennaeth Adran y Clasuron yng Ngholeg Prifysgol Aberystwyth ar un adeg.

Llansanffraid-ar-Elái

Pentref bychan chwe milltir i'r gorllewin o Gaerdydd yn nyffryn Elái yw Llansanffraid-ar-Elái. Ar ddiwedd yr unfed ganrif ar bymtheg a dechrau'r ail ganrif ar bymtheg deuai'r bardd Dafydd Benwyn o Langeinwyr i glera yma.

Mae'r rhan fwyaf o adeiladwaith yr eglwys yn perthyn i'r drydedd ganrif ar ddeg ond pan atgyweiriwyd hi yn 1849 daethpwyd â bwa'r porth deheuol o Abaty Margam a daethpwyd â ffenestr gyfan yma o'r eglwys yn Saint-y-nyll.

Llansanwyr

Yma, dair milltir i'r gogledd o'r Bont-faen, yr agorwyd y motél gyntaf yng Nghymru sef y *City Inn* y dywedir bod ysbryd hen wraig mewn cadair siglo ger y tân i'w weld yno weithiau! Pentref gwasgarog ydyw ger tarddle afon Ddawan. O fewn y plwyf, sydd tua 1800 erw, mae ffermdy Pant-y-lliwydd, hen gartref y teulu Truman. Disgynyddion i filwr o Northampton ym myddin Cromwell oedd y teulu ac roedd Thomas Truman (1713-86) yn gyfaill i Iolo Morganwg ac yn caniatáu iddo astudio'r llawysgrifau a'r llyfrau oedd ganddo.

Mae'r eglwys yn perthyn i'r drydedd ganrif ar ddeg ond adnewyddwyd hi yn ystod y bedwaredd ganrif ar bymtheg. Mae darn o furlun na wyddys beth ydyw ar un o'r waliau mewnol ac mae'n bosibl fod y bedyddfaen o'r bedwaredd ganrif ar ddeg. Mae cofeb â marchog arfog arni o tua 1400 yma hefyd.

Cartref y teulu Gwyn oedd Cwrt Llansanwyr a chodwyd y rhan fwyaf ohono yn ystod y cyfnod 1575-1625. Ychwanegwyd ato yn y bedwaredd ganrif ar bymtheg. Honnir mai yma y gwelwyd y golau trydan cyntaf ym Morgannwg, a hynny yn 1884. Deuai tyrfaoedd i'w weld a gwnaeth tafarn y *City* dipyn o arian yr adeg honno!

Yn y cyffiniau mae mân bentrefi Breigan a City, ychydig o dai modern, adfeilion hen dai ac ychydig o ffermydd gwasgarog. Megis Trerhingyll a Chraig Pen-llin pentref sgwatwyr oedd City Llansanwyr yn wreiddiol. Ym mhentref Breigan yn y drydedd ganrif ar ddeg y cododd Stephen Bauzan – a fu'n siryf Morgannwg ar dri achlysur– ei gastell sydd erbyn hyn wedi hen ddiflannu.

Llantriddyd

Nid yw'r hen ogoniant wedi cilio'n llwyr oddi yma eto er bod yr eglwys ac adfeilion y maenordy yn sefyll bron ar eu pennau eu hunain ar y llethr dair milltir i'r dwyrain o'r Bont-faen. Yn ôl Syr Ifor Williams, Nant Rhirid oedd enw'r pentref i ddechrau a'r ffurf honno a droes yn Llantriddyd gydag amser.

Perthyn i'r bedwaredd ganrif ar ddeg wna eglwys fechan Sant Illtyd ac o'i mewn mae sawl trysor megis y beddrod lliwgar o'r unfed ganrif ar bymtheg yn nodi gorffwysfan John ac Elizabeth Basset a'u merch Elizabeth a'i gŵr Anthony Mansel, a'r cofebau i aelodau'r teulu Aubrey hwythau.

Yn 1546 y codwyd y maenordy gan John Basset a'i wella gan Syr Thomas Aubrey ar ddechrau'r ail ganrif ar bymtheg. Roedd yn un o dai bonedd gwychaf Morgannwg. Yn ystod y Rhyfel Cartref bu'n noddfa i frenhinwyr. Bu'r llenor John Aubrey, awdur *Brief Lives*, yn byw yma am ychydig a chafodd James Ussher, Archesgob Armagh, y gŵr a ddywedodd i'r byd gael ei greu yn y flwyddyn 4004 Cyn Crist, loches yma yn ogystal. Credir i'r Archesgob Gilbert Sheldon, y gŵr a gododd y Sheldonian Theatre yn Rhydychen gael lloches yma hefyd. Dadfeiliodd y plas yn ystod y bedwaredd ganrif ar bymtheg a

Eglwys Sant Illtud, Llanilltud Fawr

Tafarn yr Old Swan, *Llanilltud Fawr*

defnyddiwyd rhai o'r meini i ailgodi tafarn yr *Aubrey Arms* sydd ar ochr ffordd yr A48 ger Tresimwn.

Yn y Tŷ-uchaf yn 1830 y ganed yr englynwr a'r gŵr llengar Ioan Triddyd (John Morgan) y gwelir englynion o'i eiddo yn *Y Geninen* 1895-1918. Ysgrifennodd nifer o erthyglau i wahanol bapurau yn ogystal. Bu farw yn Llan-fair yn 1930 pan oedd bron yn gant oed ac fe'i claddwyd ym mynwent Capel Zoar ger Tresimwn. Bu'r cyfansoddwr tonau crefyddol Thomas Davies (Triddyd) yn amaethu yma am ran helaeth o'i oes ac o Lantriddyd y deuai tad y cerfluniwr enwog Syr William Goscombe John.

Mae yma olion hen amddiffynfa gylch â chlawdd a ffos yn ei hamgylchynu ac olion neuadd o'r ddeuddegfed ganrif o'i mewn. Dyma ganolfan maenor Llantriddyd dan deulu de Cardiff ar un adeg ond symudwyd oddi yma tua 1200 i Horseland gerllaw, lle ceir olion canolfan arall. Yna symudwyd o'r fan honno pan godwyd y plas yn yr unfed ganrif ar bymtheg.

Llwyneliddon

Yr hyn y mae Llwyneliddon – sydd saith milltir i'r de-orllewin o Gaerdydd – yn enwog amdano yw'r gromlech yng nghae Maes-y-felin. Mae'n 6'7" o uchder ac yn sefyll ar ben dwyreiniol tomen isel sydd 88' o hyd. Perthyn i Oes Newydd y Cerrig wna'r gladdfa hon wrth gwrs ond nid oes neb wedi ei chloddio hyd yn hyn. Yr enw arni ar ddechrau'r bedwaredd ganrif ar bymtheg, fel ar sawl claddfa debyg, oedd Gwâl y Filiast. Daw o'r un cyfnod â siambr gladdu Tinkinswood sydd ryw filltir oddi yma. Ysgrifennodd Iorwerth C. Peate soned i'r gromlech hon: 'Cromlech Llwyneliddon'.

Adnewyddwyd Eglwys Sant Bleiddan tua 1861 ond mae'n debyg fod y tŵr, corff yr eglwys a'r gangell yn perthyn i'r drydedd ganrif ar ddeg. Daw'r bedyddfaen o'r ddeuddegfed ganrif ac yn yr ail ganrif ar bymtheg ychwanegwyd capel y teulu Button o'r Dyffryn ar ochr ddeheuol yr eglwys. Ddwy filltir a hanner i'r de-orllewin mae Whitton Lodge, safle amgaeëdig o Oes yr Haearn a ddatblygodd yn fferm Rufeinaidd ei dull.

Llyswyrny

Pentref cryno ddwy filltir a hanner i'r gorllewin o'r Bont-faen â grîn fechan yn ei ganol yw Llyswyrny. Bu Charlotte, chwaer Thomas Charles o'r Bala, yn byw yma am dros hanner can mlynedd a phriododd ffermwr lleol yn yr eglwys yn 1799. Yn y tŷ lle mae'r *Carne Arms* heddiw y bu'r Parchedig David Williams, gweinidog gyda'r Methodistiaid yn y ddeunawfed ganrif a gŵr o Landyfaelog, sir Gâr, yn byw. Pan fu farw yn 1792 fe'i claddwyd ym mynwent Salem, Pen-coed.

Anodd yw penderfynu'r dyddiad y codwyd Eglwys y Santes Tudful gan i gymaint o'r adeilad ddioddef o dan yr adnewyddu egr a wnaed yn 1893-4, ond cytunir ei bod wedi'i chodi cyn y bedwaredd ganrif ar ddeg.

Codwyd y *Carne Arms* yn yr unfed ganrif ar bymtheg a'r ail ganrif ar bymtheg ac mae'n enghraifft wych o adeiladwaith y cyfnod. Yn 1848 daeth y dafarn yn eiddo i deulu Carne yr As Fach a dyna pryd y newidiwyd yr enw o *Globe Inn* i'r enw presennol. I fyny'r bryn y tu ôl i'r eglwys mae'r Tŷ-Mawr a fu'n gartref i'r Rhaglaniaid yng nghyfnod y Tuduriaid a bu'r bardd Rhisiart ap Rhys Brydydd yn ymweld â'r teulu.

Dri chwarter milltir i'r de mae maenordy yr As Fach, cartref y Carniaid. Er bod y teulu hwn wedi bod yma ers y bymthegfed ganrif adeiladwaith o'r unfed ganrif ar bymtheg a'r ail ganrif ar bymtheg yw'r rhan fwyaf o'r hyn a welir yn y tŷ erbyn hyn. Ceir hanes am ymladdfeydd ar strydoedd y Bont-faen rhwng y teulu hwn a Mawnseliaid Bro Gŵyr a Margam, a bu ymladdfeydd rhyngddynt a'r Herbertiaid yn ogystal. Eto i gyd, fel Carniaid Ewenni, noddent lenyddiaeth Gymraeg a chredir bod rhai o lawysgrifau Coleg Iesu, Rhydychen yn dod o'r tŷ hwn yn wreiddiol.

Marcroes

Pentref bychan ei boblogaeth yw Marcroes, dair milltir i'r gorllewin o Lanilltud Fawr a'r tai wedi'u gwasgaru hyd ochr ffordd wledig am tua milltir. Eglwys fechan â thŵr amrwd iawn yw Eglwys y Drindod Sanctaidd sy'n perthyn i'r ddeuddegfed ganrif er bod ambell beth o gyfnod diweddarach y tu mewn iddi megis carreg fedd offeiriad o'r drydedd ganrif ar ddeg a ffenestri'r gangell a ddaw o'r bymthegfed ganrif. Adnewyddwyd yr adeilad yn 1893. Yn y fynwent ceir sylfaen hen groes.

Filltir i'r de-ddwyrain mae hen gaer bentir Nash Point a'i phedwar gwrthglawdd ar draws y trwyn cul o dir uwchlaw'r môr. Mae'r rhan o'r gaer sy'n wynebu'r môr wedi dioddef yn enbyd gan erydiad y clogwyni. Gerllaw

ar y penrhyn dwyreiniol mae dau oleudy Nash Point sydd tua channlath oddi wrth ei gilydd. Codwyd y rhain ar yr arfordir peryglus hwn yn 1832, flwyddyn wedi i'r llong *Frolic*, oedd ar ei ffordd o Hwlffordd i Fryste, gael ei dryllio ar y creigiau pan foddwyd y deugain o bobl oedd arni. Mae un goleudy'n 67' o uchder a'r llall yn 122' a gellid gweld eu golau ugain milltir i ffwrdd. Mae'r tai lle'r arferai'r ceidwaid fyw ynghlwm wrth y ddau.

I lawr yn y cwm sy'n arwain at y môr roedd ffynnon y dywedid ei bod yn llesol at wella anhwylderau'r llygaid. Dywed rhai o'r trigolion fod ysbryd gwraig mewn gwisg werdd i'w weld yng nghyffiniau'r ffynnon.

Bu gan deulu'r Fan gartref ym Marcroes ac ymwelai'r bardd Lewis Morgannwg â'r tŷ i ddatgan ei gerddi.

Merthyr Mawr

Dyma bentref atyniadol o dai to cawn tlws, ddwy filltir a hanner i'r de-orllewin o Ben-y-bont ar Ogwr ac sy'n dilyn wal Tŷ Merthyr Mawr. Codwyd y tŷ hwn i'r barnwr Syr John Nicholl yn 1806-8 ac ychwanegwyd y feranda yn 1819. Ar y bryn i'r gogledd o'r tŷ, ar safle hen fryngaer o Oes yr Haearn, saif capel di-do Sant Roch, adeilad o'r bymthegfed ganrif. O'i fewn ceir pelydr dwy groes o'r unfed ganrif ar ddeg ag arysgrifau arnynt – un yn enwi gŵr o'r enw Conbelan a'r llall yn cofnodi trosglwyddo darn o dir mae'n debyg. Ceir ymblethiadau cywrain ar y ddau faen.

Yn 1849-51 y codwyd Eglwys Sant Teilo a hynny ar safle eglwys gynharach. Yn y fynwent ar ochr ddeheuol yr eglwys ceir dwy gofeb

Goleudy Nash Point

Tai to cawn Merthyr Mawr

Twyni tywod Merthyr Mawr

dreuliedig o'r Oesoedd Canol ac mewn penty i'r gogledd o'r eglwys ceir casgliad o ddarnau o groesau a cherrig beddi o'r unfed ganrif ar ddeg a'r ddeuddegfed ganrif ac un garreg o'r bumed ganrif.

Safai'r hen faenordy lle mae'r *Home Farm* heddiw ac yn y tŷ hwnnw y bu Iorwerth Fynglwyd yn ymryson â'i athro barddol Rhisiart ap Rhys pan oedd y lle'n eiddo i Siôn Stradling. Ystyriai Rhisiart ap Rhys ei hunan fel rhyw fath o fardd teulu i Stradlingiaid Merthyr Mawr a'r Coety. Bu'r faenor ym meddiant teuluoedd de St. Quentin, Siward, Berclos a Stradling dros y canrifoedd. Yn 1804 y prynwyd hi gan Syr John Nicholl. Yn ymyl y bont bedwar bwa o'r Oesoedd Canol, lle'r arferid golchi defaid drwy eu gwthio drwy'r tyllau crwn i'r afon, safai tafarn y *New Inn* gynt. Fe'i cedwid gan gymeriad go ysgeler a elwid Cap Coch gan yr arferai wisgo cap o'r lliw hwnnw bob amser, cap a ddaeth o Ffrainc yn wreiddiol. Bu'r dafarn yn ddinas noddfa i smyglwyr, wrecwyr, lladron a llofruddion. Daethpwyd o hyd i weddillion sawl corff yn yr ardd pan dynnwyd y dafarn i lawr tua 1870 ond, er ei weithredoedd ysgeler, bu Cap Coch fyw tan oedd yn ddeg a phedwar ugain oed gan farw yn 1820.

Gerllaw mae twyni tywod enwog Merthyr Mawr ac olion Castell Tregawntlo a enwyd ar ôl y teulu Normanaidd Cantelupe. Maenordy caerog bychan o'r bedwaredd ganrif ar ddeg yn bennaf yw'r adeilad a gorchuddiwyd y pentref a fu'n ei ymyl gan y tywod. Bu dadlau ac ymgyfreithio mawr ynghylch perchenogaeth y tir lle mae'r twyni tywod. Dadl rhwng Syr William Herbert, Tregawntlo a Watkin Lougher, y Drenewydd ger Porth-cawl ydoedd i gychwyn. Er mwyn torri'r ddadl galwyd ar gymorth Syr Edward Stradling, Sain Dunwyd. Gwrthododd hwnnw hawliau'r ddau gan ddweud mai ef oedd perchennog y tir!

Bu Syr John Nichol a'i deulu'n byw yn yr hen gastell ar ddechrau'r bedwaredd ganrif ar bymtheg tra oedd ei gartref newydd yn cael ei adeiladu. 'Llecyn dieithr a phrudd' oedd disgrifiad y Dr R. T. Jenkins o'r llecyn hwn.

Molltwn

Pentref bychan ym mhlwyf Llancarfan, ddwy filltir i'r dwyrain o'r lle hwnnw yw Molltwn. Roedd cymuned fechan yma yn ystod Oes yr Haearn ac mae olion fferm Rufeinig wedi'u darganfod yma. Fe fu rhyw fath o gastell yma mae'n debyg ond nid oes cymaint â charreg ohono ar ôl heddiw.

Ar lan ddeheuol nant Molltwn roedd ffynnon y dywedid bod ei dŵr yn gallu gwella'r fflamwydden a'r enw arni oedd Ffynnon y Fflamwydden. Roedd dwy ffynnon arall hefyd yng nghyffiniau'r pentref – Ffynnon y Briwlon a Ffynnon y Waun.

Penarth

Tref ar bentir bedair milltir i'r de o Gaerdydd ble llifa afonydd Taf ac Elái i'r môr yw Penarth. Cyn dyfodiad y dociau, pentref bach oedd Penarth ac yn 1851 dim ond 105 o drigolion oedd yma. Wedi agor y dociau yn 1865 bu cynnydd sylweddol yn y boblogaeth a chawn fod 2,612 yn byw yma yn 1871. Erbyn heddiw mae'r boblogaeth tua

*Y bont ym Merthyr Mawr lle'r arferid golchi defaid
drwy eu gwthio drwy'r tyllau crwn i'r afon*

21,000.

Mae'r dref yn llawn o adeiladau hardd a sylweddol o gyfnod Victoria a hynny'n rhannol oherwydd ymdrechion y Farwnes Windsor, perchennog y rhan fwyaf o'r tir, i hyrwyddo'r lle fel man delfrydol i ymddeol iddo. Llwyddodd i ddenu cyfoethogion megis hen gapteiniaid llongau, perchenogion gweithfeydd glo a gwŷr busnes Caerdydd yma a chodwyd tai crand ar eu cyfer. Tynnwyd yr hen eglwys ganoloesol a safai ar y pentir – ac a fu'n dirnod i forwyr dros y canrifoedd – i lawr yn 1865 a chodwyd yr eglwys drawiadol bresennol yn ei lle, Eglwys Sant Augustine.

Ceir llawer o erddi a pharciau cyhoeddus yn y dref ac un o'r datblygiadau diweddaraf yw'r marina. Gyferbyn â gorsaf y rheilffordd mae Oriel Gelf Turner – cangen o'r Amgueddfa Genedlaethol. Mae yma bier Victoraidd a rhodfa glan môr yn ogystal. Yma y ganed yr awdur Albanaidd Eric Linklater a bu W.J. Gruffydd, Griffith John Williams, Ifano Jones, Elfed, Saunders Lewis a Joseph Parry yn byw yma am gyfnod ac ym mynwent Eglwys St. Augustine y gorwedd llwch y cerddor hwn o Ferthyr Tudful.

Pen-coed

Dyma hen bentref glofaol, bedair milltir i'r gogledd-ddwyrain o Ben-y-bont ar Ogwr, a enillodd statws tref iddo'i hun yn 1982 a lle a gadwodd draddodiad y Fari Lwyd yn fyw am flynyddoedd lawer. Yn Nhre'r-bryn y trigai'r cwndidwr a'r copïwr llawysgrifau Tomos ab Ieuan ac yn Nhre-groes y trigai'r bonheddwr llengar Edward Thomas y gadawodd y geiriadurwr

Thomas Richards ei lyfrau iddo. Bu'r Thomasiaid yn byw yma am ganrifoedd a bu cythrwfl mawr yn ystod yr ail ganrif ar bymtheg pan laddodd Robert Thomas ŵr o'r enw Edmund Thomas mewn gornest gleddyfau ar Gefn Hirgoed. Cyhoeddwyd ef yn herwr a chollodd ei dir ac nid heb gryn drafferth y cafodd bardwn a chael ei dir yn ôl. Bu'r Thomasiaid yma tan 1870 a bu sawl perchennog ar y lle tan 1925 pan brynwyd ef gan Gyngor Sir Forgannwg ar gyfer fferm arddangosiadol ac yna daeth yn gartref i Goleg Amaethyddol a Garddwriaethol Pen-coed. Ar dir hen ystâd Tre-groes y cynhelir Eisteddfod Genedlaethol Bro Ogwr 1998. Mae'n debyg i eisteddfod gael ei chynnal ym Mhen-coed ar Ddydd Gŵyl yr Eneidiau 1733 ond yn anffodus ni ddaeth dim manylion yn ei chylch i lawr i ni.

Capel Salem oedd un o gapeli cynharaf y Methodistiaid Calfinaidd ym Morgannwg. Codwyd ef gan David Jones, Llan-gan yn 1775 a chafwyd capel newydd yn 1830 ac un arall yn 1888. Dywedir i goetmon Siôr y Trydydd gyfrannu gini i gronfa adeiladu'r capel cyntaf. Yn 1862 y codwyd Eglwys Dewi Sant a buwyd yn ei defnyddio fel ysgol tan iddi gael ei chysegru yn 1915. Codwyd Capel Penuel gan y Bedyddwyr yn 1862 ac yn 1898 cododd yr Annibynwyr Gapel Bryn Seion.

Yn ogystal â gweithfeydd glo'r ardal bu yma ffowndri a gwaith brics. Agorwyd y ffowndri yn 1878 a chynhyrchai bethau megis dramiau i'r glofeydd. Cynhyrchai'r gwaith brics gymaint â 30,000 o frics y dydd ar ei anterth a bu crochendy a ffatri wlân yma yn y ddeunawfed ganrif. Heddiw cwmni *Rockwool* a ffatri fawr *Sony* sy'n cynnig gwaith i'r bobl.

Pendeulwyn

Hyd yn hyn mae'r pentref hwn, sydd ddwy filltir i'r gogledd-ddwyrain o Dresimwn, wedi ennill cystadleuaeth Pentref Taclusaf y Fro ddwsin o weithiau er 1958 ac fe'i dyfarnwyd yn bentref taclusaf Cymru ar ddau achlysur. Yn y plwyf hwn y ganed yr emynydd Thomas William ac yn ystod 1751 ac 1752 bu Howel Harris yn ymweld â'r ardal. Adeiladwyd Capel Bethania gan y Methodistiaid Calfinaidd yn 1870 ond bu ganddynt gapel llai yma cyn hynny a safai lle mae'r fynwent bresennol.

Mae tŵr a rhan o gangell Eglwys Sant Catwg yn perthyn i ddechrau'r unfed ganrif ar bymtheg ond adnewyddwyd yr adeilad yn 1855. Bu tafarn ar safle'r *Red Lion* ers canrifoedd a bu talwrn yn y cae gyferbyn ar un adeg. Bu'r teuluoedd a drigai ym Mrynhelygen a Chaerwigau Isaf yn noddwyr i Dafydd Benwyn yn yr unfed ganrif ar bymtheg.

Filltir a hanner i'r gogledd-orllewin mae Castell Hensol, tŷ sydd wedi'i newid a'i addasu sawl gwaith gan wahanol berchenogion. Yn yr ail ganrif ar bymtheg dyma gartref y barnwr David Jenkins y canodd Dafydd o'r Nant farwnad i'w wraig. Bu ym meddiant y teulu Talbot a'r teulu Richardson am gyfnod. Y teulu Hall oedd yma wedyn a dyma lle y treuliodd Syr Benjamin Hall ei lencyndod. Yna daeth yn eiddo i ddau ddiwydiannwr yn eu tro – William Crawshay a Rowland Fothergill. Syr Francis Price oedd y

Marina Penarth

Oriel Gelf Turner, Penarth

perchennog pan werthwyd y lle i Gyngor Sir Forgannwg yn 1926 ar gyfer agor ysbyty yno i drin afiechydon y meddwl. Canolfan gynadledda yw'r plas heddiw. Gerllaw mae Gwinllan Llanerch lle cynhyrchir gwinoedd *Cariad.* Mae yma glwb golff yn ogystal.

Pen-llin

Mae'r pentref hwn yn ymdebygu i bentrefi gwaelod y Fro a maenoriaeth i dyfu ŷd ydoedd fel Tre-os a Llan-gan.

Roedd castell yma'n gynnar yn y ddeuddegfed ganrif ac mae olion y tŵr i'w gweld heddiw. Yn yr unfed ganrif ar bymtheg daeth yn eiddo i'r Twrbiliaid, teulu o Babyddion pybyr, ac oddi yma y dygwyd y Tad John Lloyd i'r ddalfa cyn ei ddienyddio yng Nghaerdydd yn 1679. Wedi dyddiau'r Twrbiliaid bu'r lle'n eiddo i nifer o deuluoedd gan gynnwys y Seisiaid, y Stradlingiaid a'r Mawnseliaid. Rhwng 1789 ac 1804 ailadeiladwyd y castell gan Miss Emilia Gwinnett a dyma'r adeilad a welwn heddiw. Ar dir y castell y cynhelid Sioe Amaethyddol Bro Morgannwg am flynyddoedd.

Rhyw filltir i'r de-orllewin mae Mynydd Bychan, safle amddiffynnol o Oes yr Haearn. Bu pobl yn byw yma rhwng 50 C.C. ac 120 O.C. a bu pobl yn byw yno wedyn yn ystod yr unfed ganrif ar ddeg hyd at y drydedd ganrif ar ddeg. Bu gŵr o'r enw Siencyn Ffleming yn byw ger Pen-llin a bu Ieuan Tew yn ei annerch. Ef oedd y cyntaf o'i deulu i noddi beirdd. Canodd Edward Dafydd i William Fleming, un o'i ddisgynyddion a fu farw yn 1663.

Mae eglwys y plwyf, Eglwys Sant Brynach, mewn caeau ar draws ffordd yr A48, hanner milltir o'r tŷ agosaf.

Eglwys o'r Oesoedd Canol ydyw a gwelir nodweddion o'r ddeuddegfed ganrif, y bedwaredd ganrif ar ddeg a'r bymthegfed ganrif ynddi. Bu Dafydd o'r Nant, yr unig fardd pwysig a ganai ym Morgannwg yn niwedd yr ail ganrif ar bymtheg, yn ficer yma. Canodd i deulu Jenkins, Castell Hensol; i'r Gameisiaid ac i'r Bassetiaid ymhlith eraill. Roedd yn bwriadu cyhoeddi ei gerddi ac ef, yn ôl yr Athro G.J. Williams, 'oedd y bardd Cymraeg cyntaf o Forgannwg a geisiodd ddefnyddio'r argraffwasg fel cyfrwng i ledaenu ei weithiau'. Roedd gŵr o'r enw Siôn Siancyn yn byw yn y plwyf yn yr un ganrif ac yn canu cwndidau, sef cerddi mawl a marwnad a cherddi crefyddol ar fesurau'r glêr. Roedd gan gyfreithiwr llengar o Ben-llin, Edward Lewis, gasgliad bychan o lawysgrifau yn y ddeunawfed ganrif.

Pen-marc

Hen bentref, bedair milltir i'r gogledd-orllewin o'r Barri, yr amharwyd ar ei ganol twt gan y tai crand a godwyd yma yw Pen-marc. Mae adfeilion hen gastell o'r drydedd ganrif ar ddeg yma ac mae'r eglwys Normanaidd yn dangos enghreifftiau o waith crefftwyr y drydedd ganrif ar ddeg, y bedwaredd ganrif ar ddeg a'r bymthegfed ganrif. Y tu mewn iddi ceir meini coffa i deulu'r Cyrnol Philip Jones, Ffwl-y-mwn. Yn y fynwent ceir bedd William James, llanc ugain oed a ddedfrydwyd gan y fyddin i dderbyn mil o fflangelliadau am adael i garcharorion Ffrengig ddianc. Bu farw o effeithiau'r fflangellu ar Fehefin y 6ed, 1763. Yn y ddeunawfed ganrif hefyd roedd band eglwysig yma ac fe âi o gwmpas y Fro i gynnal cyngherddau.

Gwinllan Llanerch

Yn y pentref hwn yr ymsefydlodd y teulu Bawdrem, teulu a ddaeth o Wlad yr Haf yn wreiddiol ond a droes yn Gymry ac a fu'n noddi beirdd. Bu Iorwerth Fynglwyd yn ymweld â Syr William Bawdrem.

Yn 1740 sefydlwyd seiat yma gan Howel Harris a chodwyd capel yn 1832 pan symudwyd yr achos o Aberddawan. Daeth yr achos i ben yn 1931 ac aeth y gynulleidfa i'r Rhws. Tŷ annedd yw'r hen gapel erbyn hyn.

Bu tafarn y *Six Bells* yma ers canrifoedd a cheir bwa Normanaidd o tua 1100 o'i fewn. Hen dafarn lle galwai'r goets ydoedd ac mae wedi'i nodi ar fap o 1623. Yn y bedwaredd ganrif ar ddeg roedd dau dafarn arall yma yn ogystal – y *Red Cow* a'r *Rose and Crown*. Roedd dawnsio gwerin yn boblogaidd yma yn y ddeunawfed ganrif a'r bedwaredd ganrif ar bymtheg fel y tystia'r sôn am y babell ddawnsio

a fu yn y pentref. Ar Ebrill y 15fed y cynhelid y ffair bob blwyddyn.

Yn ystod y Newyn Tatws yn Iwerddon yn y bedwaredd ganrif ar bymtheg ymsefydlodd nifer o Wyddelod yma.

Pennon

Pentref bychan yw Pennon, filltir o Lancarfan ar y rhiw sydd rhwng y pentref hwnnw a Molltwn ac un o faenoriaethau plwyf Llancarfan yn yr Oesoedd Canol. Dyma fan geni Iolo Morganwg ond nid oes sicrwydd ynglŷn â'r union ddyddiad gan i Iolo'i groesddweud ei hunan fwy nag unwaith wrth sôn am y peth. Fel y dywedodd yr Athro Griffith John Williams 'y gyntaf o'r problemau Ioloaidd'! Roedd rhyw ddwsin neu ragor o fythynnod yma yn ei ddyddiau ef a dywedir bod y byngalo sy'n dwyn yr enw Bryn Iolo heddiw wedi'i adeiladu ar yr union fan lle safai cartref mam a thad Iolo.

Pentremeurig

Dyma bentref tua milltir i'r de-orllewin o Ben-llin, wedi'i enwi ar ôl cartref y teulu Meurig neu Meyrick. Roedd gan Richard Meurig, clochydd Llanfrynach a fu farw'n 81 oed yn 1823, fab o'r enw Thomas a weithiai fel gwas fferm i Edward Thomas, sgweier Tre-groes, Llangrallo. Roedd chwaer o'r enw Florence gan y sgweier, merch nad oedd yn gryf iawn yn gorfforol nac yn feddyliol. Mae'n debyg i wragedd deiliaid y sgweier ei darbwyllo y câi lawer gwell iechyd pe priodai a'r diwedd fu iddi briodi Thomas Meurig. Gydag arian ei wraig prynodd yntau dir a bu ei ddisgynyddion ef a Florence yn byw yn y tŷ a enwid Pentremeurig. Mae'n amlwg fod bywyd priodasol wedi cael effaith lesol ar Florence oherwydd bu byw tan oedd yn 77 oed! Ar un adeg bu yma dri thafarn – y *Morning Star*, y *Travellers Rest* a'r *King's Head*. Nid oes yr un yma erbyn hyn.

Rhwng y pentref hwn a Phwll-y-wrach, Tregolwyn, mae olion clostir bychan petryal o Oes yr Haearn. Codwyd ei gloddiau rhwng 50 C.C. a 50 O.C. ac ychwanegwyd cytiau crwn o garreg rhwng 50 a 120 O.C. Yma, rywbryd tua'r unfed ganrif ar ddeg neu'r ddeuddegfed ganrif, codwyd adeilad petryal yng nghornel ogledd-ddwyreiniol y clostir.

Pen-y-bont ar Ogwr

Tref ar ffordd yr A48 sydd ugain milltir i'r gorllewin o Gaerdydd a chwe milltir ar hugain i'r dwyrain o Abertawe yw Pen-y-bont ar Ogwr. Mae Castell Newcastle gyda'i borth Normanaidd trawiadol yma ers y ddeuddegfed ganrif yn nodi terfyn gorllewinol y tir a oresgynnwyd gan Robert Fitzhamon. Mae'r enw Newcastle yn awgrymu bod yna Oldcastle yn ogystal yn y cyffiniau ac erbyn heddiw credir mai ar y safle ble saif yr ysgubor ddegwm sydd gyferbyn ag Eglwys Nolton yn Heol Merthyr Mawr y codwyd y castell hwnnw. Tan y bymthegfed ganrif nid oedd tref yma, dim ond castell ac eglwys ac mae'n debyg mai mewn dogfen o 1444 y cofnodir yr enw Bridgend am y tro cyntaf. Codwyd y dref i wasanaethu'r ardaloedd o gwmpas fel tref farchnad. Ceir maen hir 1.8 medr o uchder o'r Oes Efydd yn sefyll o flaen y Ganolfan Bowlio a cheir sawl adeilad diddorol yma megis Eglwys Sant Illtyd ger y castell. Codwyd hi'n wreiddiol yn yr Oesoedd Canol ond heddiw dim ond y tŵr sydd wedi'i gadw o'r hen adeilad gan i'r eglwys gael ei hailadeiladu yn 1849-50. Eglwys o'r bedwaredd ganrif ar bymtheg yw Eglwys y Santes Fair, Nolton ond mae yn null eglwys o'r drydedd ganrif ar ddeg. Yng nghyffiniau'r castell ceir sawl tŷ sy'n dwyn nodweddion adeiladwaith yr unfed ganrif ar bymtheg a'r ail ganrif ar bymtheg. Ceir adeiladau sylweddol o gyfnod Victoria yn Stryd y Parc ac mae pont ganoloesol a drwsiwyd tua diwedd y ddeunawfed ganrif yn arwain ar draws afon Ogwr o Lôn Bragdy i Heol Quarella. Enghraifft o adeiladwaith modern trawiadol yw Capel Tabernacl yn Heol Derwen a ailgodwyd yn 1988-9. Yma yn 1922 y codwyd yr orsaf fysiau gyntaf yn ne Cymru ond gorsaf fysiau newydd sbon

Canol tref Pen-y-bont ar Ogwr

a welir yma heddiw.

Mae canolfannau siopa newydd yma hefyd – Canolfan y Rhiw, Neuadd y Farchnad a Chanolfan Stryd Bracla.

Yma y ganed y telynor John Thomas (Pencerdd Gwalia) yn 1826 a cheir carreg goffa iddo ar wal allanol Llyfrgell y Dref yn Stryd Wyndham. Ym mynwent Eglwys Nolton mae bedd Edward Matthews, Ewenni ac yno hefyd y claddwyd Catherine, mam Dr Richard Price, Ty'nton. Bu Wil Ifan yn gweinidogaethu yn y dref am ddau gyfnod rhwng 1909-17 ac 1925-49. Ef oedd yr Archdderwydd pan gynhaliwyd yr Eisteddfod Genedlaethol yma yn 1948.

Ym mis Tachwedd 1944 sefydlwyd Gwersyll Carchararion Rhyfel ar gyrion deheuol y dref ger ffordd osgoi yr A48. Ar Fawrth y 10fed, 1945 llwyddodd 66 o'r Almaenwyr i ddianc oddi yma a chymerodd wyth niwrnod i'w dal. Yn ddiweddarach daethpwyd â rhai o uchel swyddogion lluoedd arfog yr Almaen yma ac yn eu plith y Cadlywydd von Runstedt. Rhan o barc gwyddoniaeth y dref yw'r safle heddiw ond mae caban rhif naw y cloddiwyd y twnnel ohono yn 1945 wedi'i gadw i gofio'r digwyddiad.

Porthceri
Enw ar blwyf a phentref bychan ar yr arfordir, ddwy filltir i'r gorllewin o'r Barri yw Porthceri. Stori a fu mewn grym am ganrifoedd oedd honno a fynnai mai yma y glaniodd Robert Fitzhamon a deuddeg marchog i goncro Morgannwg, ond erbyn heddiw gwyddom mai ffrwyth dychymyg Syr Edward Stradling yr Ail o Sain Dunwyd oedd hyn. Er hynny fe fu porthladd yma ers canrifoedd. Mae yma eglwys fechan o'r drydedd ganrif ar ddeg wedi'i chysegru i Sant Curig ac mae'n

debyg mai tŷ'r offeiriad oedd y ffermdy sydd gan llath i'r gogledd o'r eglwys yn wreiddiol. Gerllaw mae traphont garreg a phedwar bwa ar bymtheg iddi. Fe'i codwyd yn 1894-7 ac mae'n 374 llath o hyd a 110 troedfedd o uchder a throsti y gyrrai'r trenau rhwng y Barri a Phen-y-bont ar Ogwr. Mae'r cledrau rhwng y ddwy dref yn dal yn eu lle er mai dim ond ambell drên ar achlysur arbennig a welir yn teithio arnynt yn awr.

Hanner milltir i'r de o'r pentref rhwng y rheilffordd a'r clogwyni ceir clostir y Bwlwarcau o Oes yr Haearn sydd tua deg erw o faint a bu mewn defnydd yn ystod cyfnod y Rhufeiniaid yn ogystal.

Rhuthun

Pentref bychan rhwng y Fro a'r Blaenau, rhyw ddwy filltir i'r de-ddwyrain o Ben-coed yw Rhuthun. Disgynyddion Iestyn ap Gwrgant a reolai'r tiroedd o gwmpas y lle hwn yn y ddeuddegfed ganrif. Gorweddai'r arglwyddiaeth rhwng arglwyddiaeth Coety ac arglwyddiaeth Tal-y-fan. Erbyn canol y drydedd ganrif ar ddeg roedd y tir ym meddiant Richard Siward ond mae'n ddigon posibl i'r arglwyddiaeth fynd i ddwylo'r Norman St. Quentin yn y ddeuddegfed ganrif. Gwyddys i aelod o deulu Iestyn ap Gwrgant roi Eglwys Sant Ilid i Abaty Nedd ac mae'n ddigon posibl fod yr amddiffynfa gylch yn Llanilid yn nodi'r fan lle safai castell y teulu neu gastell y Norman a feddiannodd y tir. Cipiwyd arglwyddiaeth Rhuthun oddi wrth Siward yn 1245 gan yr Iarll Richard de Clare.

Arferai'r ardal hon fod yn un goediog ond torrwyd y coedwigoedd yn yr unfed ganrif ar bymtheg i gael tanwydd i ffwrneisi'r gweithfeydd haearn.

Yn y 1880au codwyd capel cydenwadol yma gan Jonathan Howells o'r Bont-faen ond ni bu'n llwyddiant. Yn 1890 cymerwyd ef i ofal Salem, Pen-coed fel ysgoldy a byth er hynny mae wedi rhannu gweinidog gyda chynulleidfa Salem. Parhaodd y Gymraeg yn hwy yma nag mewn llawer man arall yn y cyffiniau.

Rhws, Y

Pentref dair milltir i'r gorllewin o'r Barri yw'r Rhws. Byddai ambell gywyddwr megis Dafydd Benwyn yn galw heibio iddo ar y gwyliau i ymweld â'r Matheuaid. Heddiw mae'r miloedd yn tyrru yno i fynd ar eu gwyliau o'r maes awyr sydd ar safle'r hen faes awyr a godwyd yn 1942 i'r Llu Awyr. Drws nesaf iddo mae amgueddfa awyrennau a gerllaw mae'r adeilad enfawr lle gwneir gwaith cynnal a chadw ar awyrennau *British Airways*. Bwriedir datblygu parc busnes yma cyn bo hir.

Yn 1887 talodd John Cory, y perchennog llongau a gweithfeydd glo, am godi neuadd yma ac fe'i defnyddiwyd am hanner can mlynedd fel cenhadfa efengylaidd cyn ei gwerthu i'r Wesleaid yn 1938.

Gyferbyn â phrif adeiladau'r maes awyr mae pencadlys Clwb Hedfan Morgannwg a heb fod ymhell o'r maes carafannau uwchlaw'r môr mae bryngaer o Oes yr Haearn.

Sain Dunwyd

Enw ar gastell, plwyf a bae ar yr arfordir ddwy filltir i'r gorllewin o Lanilltud Fawr a naw milltir i'r de o

Castell Sain Dunwyd

Ben-y-bont ar Ogwr yw Sain Dunwyd. Cartref y teulu Stradling oedd y castell, teulu nodedig yn hanes y Fro a Chymru. Er bod y teulu o dras estron buont yn noddi beirdd megis Rhisiart ap Rhys a Iorwerth Fynglwyd a cheir y cyfeiriad cyntaf atynt yn llenyddiaeth Cymru mewn cywydd gan Gwilym Tew o Dir Iarll i Syr Harri Stradling. Daliwyd y gŵr hwn gan y môr-leidr Llydewig Colyn Dolphyn a bu raid iddo werthu rhan o'i ystâd i godi'r arian i sicrhau ei ryddid. Roedd Syr Edward Stradling, a fu farw yn 1535, yn noddi beirdd hefyd a bu Lewis Morgannwg yn ymweld ag ef yn aml a chanodd ef a Thudur Aled farwnadau i'w wraig.

Yr aelod o'r teulu y gwyddom fwyaf amdano yw'r Syr Edward Stradling a aned yn 1529. Bu ef yn ddyfal yn ailadeiladu llawer o'r castell ac ef a fu'n cynllunio'r gerddi. Roedd yn gasglwr llyfrau a llawysgrifau ac yn

hanesydd ac iddo ef y cyflwynodd y Dr Siôn Dafydd Rhys ei ramadeg a gyhoeddwyd yn 1592. Ef hefyd yw'r gŵr a barodd i'w nai, Syr John Stradling, sefydlu ysgol ramadeg yn y Bont-faen.

Castell Sain Dunwyd a Chastell Ffwl-y-mwn yw'r unig ddau gastell yn y Fro y bu pobl yn byw ynddynt ers eu sefydlu. Myfyrwyr a staff Coleg Iwerydd a sefydlwyd yn 1962 sy'n byw yma heddiw a'r myfyrwyr yn derbyn addysg 'sy'n hybu dealltwriaeth ryng-genedlaethol'.

Mae'r eglwys yn perthyn i'r ddeuddegfed ganrif yn wreiddiol a rhannau ohoni'n mynd yn ôl i'r bedwaredd ganrif ar ddeg a'r bymthegfed ganrif. Ceir cofebau i aelodau teulu'r Stradling o'i mewn gan gynnwys un i Syr Thomas Stradling, yr olaf o'r llinach, a fu farw yn 1738. Yn y fynwent ceir croes o'r bymthegfed ganrif. Uwchlaw'r cwm ceir tŵr gwylio y credir iddo gael ei godi yn y ddeunawfed ganrif.

Ychydig i'r dwyrain oddi yma mae Ogof Tresilian neu Ogof Dwynwen a dywedir mai yn yr ogof hon y priodwyd Cecil Powel, etifeddes ystâd Llandŵ, a Thomas Picton o Poyston, sir Benfro, mam a thad Syr Thomas Picton, y milwr a laddwyd ym mrwydr Waterloo. Yn nho'r ogof mae bwa carreg ac yn yr hen ddyddiau arferai cariadon ddod yma i weld ymhen sawl blwyddyn y byddent yn priodi trwy gyfrif nifer y cynigion yr oedd eu hangen arnynt cyn llwyddo i daflu carreg dros y bwa.

Sain Nicolas

Pentref ar ffordd yr A48 sydd chwe milltir i'r gorllewin o Gaerdydd yw Sain Nicolas. Ar un adeg, y teulu Cory o'r Dyffryn a'r teulu Mackintosh o'r Cotrel oedd biau'r holl dai oedd ynddo. Mae nifer o dai to cawn o'r ail ganrif ar bymtheg a'r ddeunawfed ganrif yma a'r enwocaf ohonynt yw'r *Three Tuns*, hen dafarn a enwyd ar ôl y tair baril a welid ar arfbais y teulu Button. Dywedir i Oliver Cromwell aros dros nos yma unwaith. Er nad oes yr un tafarn yma nawr fe fu tri arall yn ogystal â'r *Three Tuns* yma gynt – y *Crown*, y *Travellers' Rest* a'r *Price's Arms*. Yn 1858 codwyd gorsaf i'r heddlu yma a dyma'r un hynaf ym Mro Morgannwg.

Mae'r eglwys o faint sylweddol ond gan iddi gael ei hadnewyddu yn 1803 ac yn 1859-60 ychydig o'r adeilad gwreiddiol a welir, ar wahân i'r tŵr a godwyd yn gynnar yn y bedwaredd ganrif ar ddeg ac olion ffenestri o'r bymthegfed ganrif ym mhorth yr eglwys.

Ymwelodd Howel Harris â'r ardal gan sefydlu seiat yma yn 1740 a bu'r emynwyr Thomas William, Bethesda'r Fro a John Williams, Sain Tathan yn aelodau ohoni. Dyma ddechrau hanes Capel Tre-hyl sy'n dal yn agored a lle ceir gwasanaethau Cymraeg yn achlysurol o hyd.

Filltir a hanner i'r de o'r pentref saif Tŷ Dyffryn a godwyd ar safle hen faenordy'r teulu Button yn 1893-4 i'r diwydiannwr John Cory. Yr enwocaf o'r teulu Button oedd y morwr Syr Thomas Button a aned yma ym mlynyddoedd olaf yr unfed ganrif ar bymtheg ac a fu farw yn 1633/4. Bu ef yn archwilio Hudson Bay ac yn ymlid môr-ladron oddi ar arfordir Cymru a hyd yn oed mor bell ag Algiers. Ar nosweithiau gwyntog dywedir bod ei ysbryd i'w weld yn cerdded o flaen y tŷ ac mae i'w weld hefyd ar brydiau, medden nhw, yn seler y tŷ yn ymyl y casgenni cwrw. Mae traddodiad hefyd fod sŵn carnau ceffyl ei fab i'w glywed yn glir ar y ffordd gul sy'n arwain i bentref Sain Nicolas ym mrig yr hwyr ambell noson!

Fe ddaeth y tŷ a'r gerddi yn eiddo i Syr Cennydd Traherne a'u trosglwyddodd i Gyngor Sir Morgannwg er creu canolfan addysg breswyl. Bu cannoedd o athrawon, myfyrwyr a disgyblion ysgol yma'n dilyn pob math o gyrsiau. Cynhelir cynadleddau yma hefyd yn awr ac mae bwriad i ddatblygu'r lle fel gwesty. Wrth gwrs, mae gerddi'r Dyffryn, sef y 55 erw a gynlluniwyd gan Thomas Mawson, yn enwog iawn ac yn dal i ddenu'r miloedd ymwelwyr.

Tua hanner milltir i'r gogledd o'r tŷ mae cromlech Tinkinswood, yr hen gladdfa o Oes Newydd y Cerrig, a'r ochr arall i glawdd terfyn lawnt ddeheuol y tŷ mae ffermdy Doghill, yr enghraifft orau o breswylfa â ffos o'i hamgylch yn y Fro. Yma roedd canolfan maenordy Worleton (yr hen enw ar yr ystâd) pan werthwyd y lle i'r teulu Button gan esgobaeth Llandaf yn yr unfed ganrif ar bymtheg. Y fferm hon oedd yr un olaf yng Nghymru i ddefnyddio ychen i aredig ac mae iau'r ychen yn Amgueddfa Werin Cymru, Sain Ffagan.

Sain Siorys

Enw ar blwyf a phentref tua phum milltir i'r gorllewin o Gaerdydd yw Sain Siorys. Mae'r pentref mewn pantle rhwng Llansanffraid-ar-Elái a Sain Nicolas. Bu yma gastell unwaith a bernir ar sail yr hyn sydd yn weddill ohono ei fod yn gastell sylweddol. Cysylltir fferm y Castell, sydd ynghanol y pentref, â'r adeilad gwreiddiol ac â theuluoedd Le Fleming a Malefant. Credir mai yn y bedwaredd ganrif ar ddeg y codwyd y castell ac iddo gael ei ddifrodi'n union wedyn yn ystod gwrthryfel Llywelyn Bren yn 1315. Bu Gwilym Tew, yr enwocaf o benceirddiaid Morgannwg yn y bymthegfed ganrif, yn canu i'r teulu Malefant yma.

Mae Ffynnon Coedrhiglan yn ymyl y ffordd sy'n arwain i Lanbedr y Fro. Honnir bod ei dyfroedd yn gwella anhwylderau'r llygaid. Arferid gollwng pinnau bychain i'r dŵr a chlymu carpiau ar y goeden uwchben y ffynnon.

Trist iawn yw'r nodyn a ysgrifennodd rheithor Sain Siorys yn 1921:

We are a very mixed people in the Vale nowadays, and Welsh is rapidly dying out. Fifty years ago you would hear nothing but Welsh in this parish; it is very little Welsh you will hear to-day, and I have seen yr hen Gymry go off one by one. I still speak the old language when I can to those who are left.

Adeiladwyd eglwys y plwyf ar ffurf croes a thŵr yn ei chanol ac mae'n perthyn i'r drydedd a'r bedwaredd ganrif ar ddeg. O'i mewn ceir arfbeisiau arglwyddi'r faenor – Le Fleming, Malefant a Jasper Tudur, Iarll Penfro. Mae'r bedyddfaen yn perthyn i'r bymthegfed ganrif. Adnewyddwyd yr adeilad yn 1838 ar draul y Parchedig John Montgomery Traherne, yr hynafiaethydd o Goedrhiglan neu Goedarhydyglyn, y tŷ a godwyd ar ei gyfer yn 1820 mewn man godidog ar lethr uwch cwm coediog.

Saint Andras

Dyma bentref bychan bum milltir i'r de-orllewin o Gaerdydd a rhyw filltir i'r gorllewin o Ddinas Powys. Yma y bwriodd tad Iolo Morganwg ei brentisiaeth cyn iddo symud i Silstwn. Dywedodd Iolo iddo weld ffenestri lliw yn yr eglwys unwaith ond pan ddaeth yma drachefn yn 1789 nid oedd ond tua thraean ohonynt ar ôl. Codwyd yr eglwys wreiddiol yn y cyfnod Normanaidd ac mae'r bedyddfaen yn perthyn i'r cyfnod hwnnw, ac mae'n amlwg i dipyn o waith gael ei wneud arni yn y bymthegfed ganrif. Ceir 1576 ar y llestri cymun. Adnewyddwyd hi yn 1875-9. Yn yr eglwys hon y priododd Jane, merch Edward a Catherine Matthews, Ewenni. Y tu ôl i'r rheithordy a godwyd yn 1827-33 mae adeilad deulawr a ddefnyddir fel garej; hwn oedd yr hen reithordy canoloesol.

Sain Tathan

Pentref bum milltir i'r de o'r Bont-faen yw Sain Tathan. Yma y bu'r emynydd John Williams yn cadw siop ac yn dilyn ei grefft fel cowper. Mae wedi'i gladdu wrth y mur i'r dde o borth deheuol yr eglwys. Yn yr eglwys hon y priododd mam a thad Iolo Morganwg a buont hwy a'r bachgen Iolo yn byw yn y pentref am ychydig cyn symud i Drefflemin. Mae'r eglwys yn perthyn i'r bedwaredd ganrif ar ddeg a'r bymthegfed ganrif ond daw'r bedyddfaen o'r ddeuddegfed ganrif. Cafodd ei hadnewyddu yn 1888. Y tu mewn i'r eglwys ceir arfbais y teulu Berclos a cheir enghraifft o grefftwaith Iolo'r saer maen yma hefyd, sef carreg fedd y Spenseriaid. Yn East Orchard o fewn plwyf Sain Tathan yr oedd y teulu hwn yn byw a cheir olion o'r hen faenordy a godwyd yn y bedwaredd ganrif ar ddeg ac adeiladau eraill, gan gynnwys colomendy ac ysgubor, yma ar lan afon Ddawan o hyd. I'r gorllewin o'r pentref ger fferm West Orchard mae New Barn lle ganed Edward Matthews, Ewenni. Treuliodd ef y rhan fwyaf o'i oes hir o fewn terfynau'r Fro ac o'r herwydd daeth yr ymadrodd 'Matthews biau'r Fro' yn ddywediad cyffredin ymhlith trigolion Morgannwg yn ystod y bedwaredd ganrif ar bymtheg. Yn Sain Tathan hefyd y bu farw Thomas Williams, Brynfab.

Dyma leoliad un o orsafoedd y Llu Awyr wrth gwrs. Dechreuwyd codi'r orsaf yn 1936 a bu o'r pwys mwyaf yn ystod yr Ail Ryfel Byd. Cyfrannodd yn fawr i economi'r ardal ac erbyn hyn y mae'n ail ar restr cyflogwyr mwyaf Bro Morgannwg. Cynigir gwaith i grefftwyr ym maes cynnal a chadw awyrennau yma ynghyd â swyddi eraill llai arbenigol.

Ceir sawl stori ysbryd wedi'u lleoli yn yr ardal a cheir sôn am bobl yn gweld angladdau lledrithiol yn teithio o Sain Tathan ar hyd Lôn Rhosier i Fethesda'r Fro.

Saint Hilari

Dyma bentref bach prydferth ddwy filltir i'r de-ddwyrain o'r Bont-faen ac ychydig i'r de o ffordd yr A48. Clwstwr o dai, gan gynnwys tafarn, o gwmpas yr eglwys oedd patrwm y pentref gwreiddiol. Mae rhannau o'r eglwys yn perthyn i'r ddeuddegfed ganrif a'r bedwaredd ganrif ar ddeg ac mae'r tŵr yn perthyn i'r unfed ganrif ar bymtheg. Adnewyddwyd hi yn 1861-2. Ceir meini coffa i aelodau o'r teuluoedd Basset, Edmonds a Traherne yma. Yn y fynwent mae carreg fedd Richard Basset a fu farw yn 1849, yr olaf o deulu Basset y Bewpyr.

Dywedir bod ysbryd hen leidr penffordd o'r enw Ianto Ffranc yn nhafarn y *Bush*. Y tu hwnt i'r dafarn mae canolfan arddio Patrick a Carys Whelan ac yng ngardd Church Cottage mae twlc mochyn crwn a godwyd yn y ddeunawfed ganrif.

Filltir i'r de-orllewin o'r pentref, ynghanol caeau a llwybr hanner milltir o hyd yn arwain ato, saif y Bewpyr, hen blas y Bassetiaid a godwyd yn 1586. Er bod y lle'n adfeilion mae'r porth mewnol a godwyd yn 1600 yn un o drysorau pensaernïol y Fro. Mae arfbais y teulu arno gyda'r arwyddair 'Gwell Angau Na Chywilydd'. Bu'r

Saint-y-brid

beirdd Rhisiart ap Rhys Brydydd, Lewis Morgannwg a Meurug Dafydd yn canu i'r teulu. Bu teulu'r Bassetiaid yma o'r bedwaredd ganrif ar ddeg hyd ddechrau'r ddeunawfed ganrif ac wedi'u dyddiau hwy bu, ymhlith eraill, David, mab William Edwards a gododd y bont ym Mhontypridd, yn byw yma.

Saint-y-brid

Pentref bedair milltir i'r de-orllewin o Ben-y-bont ar Ogwr yw Saint-y-brid. Roedd yn gartref i'r pennaf o gywyddwyr Morgannwg, Iorwerth Fynglwyd, a ganai rhwng tua 1500 ac 1525. Mae ôl gwaith o'r ddeuddegfed ganrif a'r bedwaredd ganrif ar ddeg yn Eglwys Sain Ffraid ac yma y claddwyd gwŷr a gwragedd y teulu Butler o Ddwn-rhefn megis John le Botiler tua 1335 a John Butler yn 1540. Canodd Iorwerth Fynglwyd i Sain Ffraid, nawddsant yr eglwys.

Mae ffermydd sylweddol sy'n perthyn i'r unfed ganrif ar bymtheg a'r ail ganrif ar bymtheg y tu hwnt i'r pentref ar y ffordd i'r Wig. O fferm arall yn yr ardal, fferm Ty'n-y-caeau, yr aeth Syr Thomas Picton i frwydr Waterloo ac i'w dranc, ac i gofio am hynny plannwyd coed castan yn y Pant.

Bu'r Mormoniaid yn cenhadu'n brysur yma yn y bedwaredd ganrif ar bymtheg a llwyddasant i ddenu'r holl drigolion bron atynt. Ym mis Mai 1864 gadawodd nifer sylweddol o'r trigolion am Salt Lake City yn yr Unol Daleithiau ac yn eu plith John Pritchard Jones, ei wraig a'u pum plentyn. Daeth y gŵr hwn yn enwog yno fel cenhadwr ac fel cyfarwyddwr cyntaf y *First National Bank* yn South Fork a sylfaenydd ysgol i ddysgu'r gyfraith. Roedd yn un o drefnwyr Eisteddfod Gymraeg Utah yn ogystal. Daeth yn ôl am dro i'w hen ardal yn

1899.

Dyma'r pentref ble y treuliodd y Dr Dillwyn John, Cyfarwyddwr yr Amgueddfa Genedlaethol rhwng 1948-70 ac enillydd Medal y Pegynau am dair taith i'r Antarctig, ei blentyndod.

Yn y cyffiniau ceir chwareli enwog Sutton, chwareli y ceisiodd Iolo ein darbwyllo mai Iorwerth Fynglwyd oedd eu perchennog!

Sili

Pentref ar yr arfordir, ddwy filltir i'r dwyrain o'r Barri yw hwn ac yn ôl John Leland, a ysgrifennai yn 1542, roedd porthladd bychan yma bryd hynny a pharhaodd yn brysur yn ystod y ddeunawfed ganrif. Mae Eglwys Sant Ioan wedi'i hadeiladu yn yr arddull Seisnig cynnar a gwelir bod rhannau ohoni'n perthyn i'r ddeuddegfed ganrif, y drydedd ganrif ar ddeg a'r bymthegfed ganrif. I'r dwyrain o'r eglwys mae ychydig o olion hen gastell o'r drydedd ganrif ar ddeg a godwyd gan deulu'r de Sully. Yr un teulu a gododd yr eglwys yn ogystal.

Bu cymunedau Sgandinafaidd a Rhufeinig yma ac ar ben dwyreiniol Ynys Sili ceir olion bryngaer o Oes yr Haearn. Ar y creigiau glan môr darganfuwyd olion traed deinosoriaid a chedwir y rhain yn awr yn yr Amgueddfa Genedlaethol yng Nghaerdydd.

Rhwng 1932 ac 1936 adeiladwyd ysbyty ar gyfer trin y darfodedigaeth yma, adeilad a gynhwysai dri chan gwely. Mae anhwylderau'r frest yn dal i gael eu trin yma ac oddi yma y daw'r adroddiadau ynglŷn â dwyster y paill yn yr awyr yn ystod misoedd yr haf.

Silstwn

Dyma bentref bach deniadol iawn ar yr arfordir, bum milltir a hanner i'r gorllewin o'r Barri a phedair milltir i'r dwyrain o Lanilltud Fawr. Disgrifiodd Iolo'r lle, sy'n swatio y tu ôl i waliau uchel, fel 'llannerch baradwysaidd' a bu ei dad yn byw yma cyn iddo briodi. Mae'r hin yn arbennig o dyner a mwyn yma a cheir planhigion anarferol yn tyfu o gwmpas y lle.

Credir i'r eglwys wreiddiol gael ei chodi yn y ddeuddegfed ganrif ond iddi gael ei hailadeiladu bron yn gyfan gwbl yn y bymthegfed ganrif. Ceir drws a ddyddiwyd 1450-80 ag arfbeisiau pump o deuluoedd bonheddig wedi'u cerfio arno ar ochr ddeheuol yr eglwys. Hwyrach mai'r teuluoedd hyn a dalodd am yr ailadeiladu.

Gerllaw, wrth gwrs, mae pwerdy enfawr sy'n cynhyrchu trydan a gwaith sment Aberddawan.

Southerndown

Pentref glan môr bum milltir i'r de o Ben-y-bont ar Ogwr ar ran o'r Arfordir Treftadaeth yw Southerndown. Dymchwelyd eglwys wreiddiol y pentref pan ledwyd y ffordd ac felly eglwys ddiweddar a godwyd yn 1969 yw Eglwys yr Holl Saint. Bu yma gartref i fabanod dall yn y *Sunshine Home*. Gwesty oedd yr adeilad yn wreiddiol; fe'i codwyd yn 1852 gan J. P. Seddon, y gŵr a gododd y *Castle Hotel* yn Aberystwyth, sef yr adeilad sydd wedi bod yn gartref i Goleg Prifysgol Aberystwyth er 1872. Adeilad o'r ddeunawfed ganrif yw tafarn y pentref, y *Three Gold Cups,* a dywedir bod ysbryd yn crwydro yno.

Prif atyniad y lle heddiw yw Bae

Arfordir Treftadaeth Morgannwg

Dwn-rhefn, yr arfordir ac olion y plasty a godwyd yn 1802-6. Bu plasty yma yn ystod y cyfnod Normanaidd wrth gwrs ac roedd yn eiddo i deulu de Londres, Ewenni. Yna daeth i feddiant y teulu le Boteler neu Butler a buont hwy yma o'r unfed ganrif ar ddeg hyd y bedwaredd ganrif ar ddeg. Daeth llinach y teulu hwn i ben gydag etifeddes yn yr unfed ganrif ar bymtheg ond nid cyn i Lewis Morgannwg fod yn ymweld â hwy. Priododd hi Syr Richard Vaughân o deulu Fychaniaid Bredwardine a Thretŵr, sir Frycheiniog, ac felly, bu'r lle yn eiddo i'r Fychaniaid tan 1642 pan werthwyd yr ystâd i John Wyndham. Aelod o'r teulu hwn – Thomas Wyndham, Aelod Seneddol sir Forgannwg – a gododd yr adeilad olaf ar y tir. Roedd traddodiad yn y Fro fod yr olaf o Fychaniaid Dwn-rhefn yn wreca ac iddo ddenu'r llong y teithiai ei fab arni at y creigiau a thrwy hynny beri iddo golli'i fywyd. Dyma gefndir yr unawd baritôn 'Brad Dynrafon' gan D. Pughe Evans a Watcyn Wyn.

Gelwir yr arfordir rhwng Aberddawan a Phorth-cawl – sy'n bedair milltir ar ddeg o hyd – yn Arfordir Treftadaeth Morgannwg. Lleolir Canolfan yr Arfordir Treftadaeth ym Mharc Dwn-rhefn a dyma ganolfan prosiect Arfordir Treftadaeth Morgannwg. Mae'n cynnwys siop fechan a chanolfan gwybodaeth a byddai'n talu i unrhyw un sydd am wybod mwy am yr arfordir hardd hwn ymweld â'r lle.

Trebefered

Pentref heb eglwys ynddo yw hwn, rhyw filltir i'r dwyrain o Lanilltud Fawr ac a arferai fod ar wahân i'r lle hwnnw, ond erbyn heddiw cydir y ddau le ynghyd gan gymaint yr adeiladu a fu yn yr ardal. Mae adfeilion plasty Trebefered i'w gweld ar y bryn uwchlaw'r pentref. Eiddo gŵr o'r enw Griffith Voss ydoedd i ddechrau ond daeth i feddiant Roger Seys, Twrnai Cyffredinol Cymru, pan briododd ag Elizabeth Voss. Bu mam Iolo Morganwg yn byw yma wedi iddi golli ei mam. Derbyniwyd hi i'r plas gan Richard Seys oherwydd roedd ei wraig ef yn chwaer i fam-gu Iolo, ac felly'n fodryb i'w fam.

Mae gan Ddugiaeth Cernyw fferm yma heddiw. Yn 1936 sefydlwyd fferm gydweithredol o 650 erw yma ar gyfer gwŷr di-waith a gollodd eu hiechyd a dechreuwyd codi tai ar eu cyfer a ffurfio pentref newydd.

Rhyw filltir o'r pentref uwchlaw'r môr ceir tŷ haf wythonglog a godwyd yn y ddeunawfed ganrif o fewn adfeilion hen amddiffynfa o Oes yr Haearn.

Trefflemin

Pentref gwledig uwchben dyffryn afon Ddawan yw Trefflemin, tua thair milltir i'r de o'r Bont-faen ac yma yn y pentref bach neilltuedig hwn roedd cartref Iolo Morganwg. Tynnwyd yr hen dŷ i lawr rywbryd yn hanner cyntaf y bedwaredd ganrif ar bymtheg. Safai ar fuarth *Gregory Farm* wrth dalcen yr adeilad sydd gyferbyn â'r ffermdy ei hun. Yn y bwthyn hwnnw, nad oedd iddo ond un ystafell fechan ar lawr a dwy fechan uwchben, y treuliodd Iolo y rhan fwyaf o'i oes ac yno y bu farw. 'Dyma'r bwthyn,' meddai Griffith John Williams, 'a welodd y gweithgarwch llenyddol hwnnw sy'n un o brif ryfeddodau bywyd llenyddol cenedl y Cymry.' Er na wyddom yr union fan y claddwyd gweddillion Iolo ceir cofnod y tu mewn i'r eglwys, ar y wal ogleddol, yn dweud mai gerllaw y fan honno y claddwyd y bardd yn y fynwent. Yn 1855 y gosodwyd y maen coffa hwn yn ei le a hynny gan Caroline, Iarlles Dwn-rhefn, a chyfeillion eraill.

Bu Thomas William, yr emynydd a'r gweinidog, yn byw yn Nhrefflemin am ddeunaw mlynedd ar hugain ac yn gymydog i Iolo. Am ryw reswm roedd anghydfod mawr rhyngddynt gydol yr amser. Tynnwyd tŷ'r gŵr hwn i lawr hefyd a hynny ar ddechrau'r ugeinfed ganrif.

Y bedyddfaen o'r drydedd ganrif ar ddeg yw'r peth hynaf yn yr eglwys ond mae adeiladwaith o'r bedwaredd ganrif ar ddeg a'r bymthegfed ganrif i'w ganfod hefyd. Adnewyddwyd yr adeilad mewn modd eithafol o lym yn 1858. Ceir delw o Joan le Fleming a luniwyd yn y bedwaredd ganrif ar ddeg yn yr eglwys hefyd. Mae'n debyg mai'r cyntaf o'r teulu Fleming yn y Fro oedd Syr John Fleming ac mae'r maenordy presennol, adeilad o'r unfed ganrif ar bymtheg, wedi'i godi ar seiliau hen gastell y Fflemingiaid. Bu'r teulu'n croesawu beirdd i'w cartref a galwai Lewis Morgannwg a Dafydd Benwyn yma. Bu Margaret, unig ferch Thomas William, Bethesda'r Fro, yn byw yn y maenordy hefyd.

I'r de-ddwyrain o'r pentref ar ochr ddeheuol dyffryn Ddawan ceir olion pentref o'r Oesoedd Canol.

Tregatwg

Pentref ar wahân oedd hwn ar un adeg, filltir i'r gogledd-ddwyrain o'r Barri ond sydd bellach yn un â'r dref honno. Mae'n hen le ac mae Eglwys Sant Catwg yn cynnwys peth adeiladwaith o'r drydedd ganrif ar ddeg a'r bymthegfed ganrif. Adnewyddwyd hi yn 1885.

Codwyd capel yma, sy'n adfeilion yn awr, gan y Bedyddwyr yn 1813 ac yn 1815 codwyd capel gan y Methodistiaid Calfinaidd ac adfeilio fu'i hanes yntau. Pan oedd dociau'r Barri yn cael eu datblygu yn niwedd y bedwaredd ganrif ar bymtheg codwyd nifer o adeiladau mawr o gwmpas yr hen bentref. Bwriadwyd i'r rhain fod yn westai ar gyfer y boblogaeth newydd a ddisgwylid yma, ond y Barri a ddatblygodd yn ganolfan y dociau felly defnyddir yr adeiladau hyn heddiw fel clybiau, swyddfeydd ac ati.

Bu gwaith brics yn ogystal â chwarel yma ond daeth y chwarel i ben yn 1911 pan lifodd dŵr iddi o darddiant na wyddai neb ei fod yno cyn hynny.

Yma roedd cartref y llenor a'r ysgolhaig Glyn M. Ashton a bu W. Llewelyn Williams, awdur *Gwilym a Benni Bach*, *Gŵr y Dolau* a '*Slawer Dydd* yn byw yma am ychydig pan ddaeth i olygu'r *South Wales Star* yn y Barri yn 1890. Yma roedd y paffiwr a'r pencampwr byd Jimmy Wilde yn byw hefyd ar ddiwedd ei oes. Ym mynwent yr eglwys mae bedd gŵr o'r enw William Jenkins a fu farw yn 1781 ac y dywedir ei fod yn ddyn hysbys. Roedd yn fab i wrach o'r enw Anne Jenkins o'r Barri.

Tafarn enwoca'r lle yw'r *King William IV*, neu'r *King Billy* fel y'i gelwir gan bawb o'r trigolion. Fe'i codwyd yn y 1830au.

Tregolwyn

Pentref o ryw ddau gant o dai, bedair milltir i'r gorllewin o'r Bont-faen a thua milltir i'r de oddi ar ffordd yr A48 yw Tregolwyn . Mae'r eglwys yn perthyn i'r ddeuddegfed ganrif yn wreiddiol ac o'i mewn ceir murlun o'r bedwaredd ganrif ar ddeg. Mae ffenestr o waith John Petts yma yn ogystal. Yn y fynwent ceir hen groes bregethu. Yn yr unfed ganrif ar bymtheg glynodd y trigolion, yn enwedig y gwragedd, wrth y Ffydd Gatholig a hynny mwy na thebyg hyd at gyfnod y Piwritaniaid.

Yn y ddeunawfed ganrif trigai bardd o'r enw Thomas William yma, un o glerwyr olaf y Fro, ac yn ystod y bedwaredd ganrif ar bymtheg yma yr oedd y bardd dall John James yn byw. Yn 1864 cyhoeddodd gasgliad o'i gerddi mewn pamffledyn dan y teitl *Twyni Tregolwyn*. Yn ddiweddarach cyhoeddodd gasgliad o emynau – *Seren Bethlehem*.

Dri chwarter milltir i'r dwyrain o'r pentref mae Pwll-y-wrach, tŷ sylweddol o'r ddeunawfed ganrif. Mae Mathew Prichard, ŵyr Agatha Christie, yn byw yno a bu'r awdures yn ymweld â'r lle droeon. Seiliodd un llyfr, *Endless Night*, ar hanesyn o'r Fro, sef bod sipsiwn ym Mhentremeurig wedi melltithio maes arbennig yn y gymdogaeth honno. Ond mae hanesyn am helgwn Pwll-y-wrach ei hun. Mae'n debyg i'r cynydd un diwrnod fynd bant i feddwi gan adael y cŵn heb fwyd. Pan ddaeth yn ôl ymhen rhai dyddiau a mynd i fwydo'r bytheiaid fe'i llarpiwyd yn fyw ganddynt a dywedir y gellir eu clywed yn udo'n wallgof yn y nos o bryd i'w gilydd ac yn arbennig felly ym mis Awst. Mae adfeilion cytiau'r cŵn i'w gweld heb fod nepell o'r tŷ.

Trelái

Dyma ardal orllewinol bellaf Caerdydd sy'n ymestyn ar hyd ffordd yr A48 o'r bont ar draws afon Elái hyd Croes Cwrlwys. Heddiw ceir tai ac adeiladau eraill bob cam o'r ffordd honno ar ddwy ochr yr heol. Yn ystod y 1920au datblygwyd yr ardal i'r gogledd o'r ffordd fawr, sef Glanelái, gan yr awdurdod lleol ac mae cannoedd o dai yma. Yn ystod y 1930au, y 1950au a'r 1960au datblygwyd yr ardal i'r de o'r ffordd fawr gan gynnwys Caerau a cheir cannoedd o dai yma eto ond nid cymaint ag ar ochr ogleddol yr A48. Y mae llawer mwy o gymeriad i dai yr ochr ogleddol yn ogystal.

Ar ddechrau'r bedwaredd ganrif ar bymtheg dim ond 180 o bobl oedd yn byw yma ac nid oedd ond 224 o drigolion yn yr ardal yn 1841. Gweithio ar y tir wnâi y mwyafrif o'r dynion yn y cyfnod hwn ond dechreuodd pethau newid gyda dyfodiad y rheilffordd i'r pentref yn 1850. Dyma pryd y daeth yr iaith Saesneg i'r ardal a dechreuwyd cynnal gwasanaethau Cymraeg a Saesneg yn y capel Wesle yn 1858. Codwyd bragdy mawr yma yn 1853 ac erbyn 1865 roedd Melin Bapur Trelái wedi dechrau gweithio. Eto, pentref bychan oedd y lle yn cynnwys 454 o bobl yn 1881 ond roedd 160 ohonynt wedi dod yma o ardaloedd y tu allan i Forgannwg. Erbyn 1900 roedd ail fragdy ynghyd â ffatri bicls Chivers yma. Dechreuwyd adeiladu tai newydd yma yn 1920 ac erbyn 1924 roedd 3,412 o dai wedi'u codi ar ochr ogleddol yr A48. Yn 1936 y dechreuwyd ar yr adeiladu mawr i'r de o'r briffordd.

Agorwyd cwrs rasio ceffylau yma yn 1855 a bu mewn bodolaeth tan 1939 ac am nifer o flynyddoedd yma y cynhelid *Grand National* Cymru.

Trowyd y fan yn gae athletau wedyn ac arhosodd felly tan 1961.

Credwch hyn neu beidio, ond yn nhafarn y *Bridge* ar lan afon Elái, pencadlys Clwb Rygbi Trelái heddiw, arferid cynnal cyfarfodydd cystadleuol y *Penny Readings* yn ystod y 1860au a'r 1870au. Onid yw pethau wedi newid?

Tre-os

Pentref tua hanner milltir i'r de-ddwyrain o Langrallo ger Pen-y-bont ar Ogwr yw Tre-os ac er bod yr arwyddbyst yn dweud Treoes, dyma'r ffurf gywir. Dangosodd yr Athro Gwynedd O. Pierce mai addasiad o enw Saesneg gwreiddiol ydyw, a'r enw hwnnw oedd *Goston,* sef man ble byddai gwyddau gwyllt yn ei fynychu. Cyfieithwyd yr elfen – *ton* i'r gair tref ond cadwyd yr elfen *gos* – (*goose* mewn Saesneg Diweddar) gan dreiglo'r gytsain gyntaf ar ôl tref i roi Tre-os. Gan fod yr 'o-' yn hir tybiwyd ar sail ffurfiau fel côs am coes, côd am coed a.y.b. mai ffurf 'gywir' yr enw oedd Treoes. Pentref canoloesol un stryd oedd Tre-os yn wreiddiol. Maenoriaeth i dyfu gwenith, barlys a cheirch ydoedd a pharheid i drin y tir mewn caeau agored yn null yr Oesoedd Canol hyd y bedwaredd ganrif ar bymtheg.

Yn y pentref hwn y maged Llawdden – y Deon David Howell, un o'r 'offeiriaid llengar' ac eisteddfodwr pybyr. Roedd ei fam-gu'n gyfnither i Iolo Morganwg.

Ceir un o'r tri thŷ tafarn yn y Fro sydd â tho cawn arnynt yma – tafarn y *Star.* Yn Aberddawan a Saint Hilari mae'r ddau arall.

Tresimwn

Pentref ar ochr yr A48 yw hwn, wyth milltir i'r gorllewin o Gaerdydd ac a enwyd ar ôl y Norman Simon de Bonville. Bu'r teulu'n noddwyr hael i Abaty Margam ac yn y diwedd aeth eu tir i gyd i'r sefydliad hwnnw. Daeth y faenor yn eiddo wedyn i'r teulu St. John ac yna i'r Bassetiaid. Mae'r eglwys wedi'i chysegru i Fair Forwyn ac mae'r tŵr yn perthyn naill ai i'r bedwaredd ganrif ar ddeg neu i'r bymthegfed ganrif. Dywedir mai yn yr eglwys hon y ceir bedyddfaen lleiaf esgobaeth Llandaf. Nid ydyw ond 1'8" o uchder a 1'10" o led. Adnewyddwyd yr eglwys yn 1863.

Roedd ysgol ddyddiol wedi'i sefydlu yma yn 1828 a sefydlwyd ysgol arall yn 1844 gan Syr George Tyler o'r Cotrel. Bu Edward Matthews, Ewenni yn byw yn y *Great House* gyferbyn â'r eglwys am ryw saith mlynedd wedi iddo ddod at ei ferch a'i fab yng nghyfraith yn 1876. Symudodd i Ben-y-bont ar Ogwr wedyn lle bu farw yn 1892. Mewn bwthyn to cawn gyferbyn â'r eglwys yr oedd Jack Howells y cyfarwyddwr ffilmiau yn byw. Enillodd Oscar am ei ffilm ar Dylan Thomas – un o ddim ond pedwar Cymro i ennill y wobr honno. Bu'r nofelydd Marion Eames yn byw yn y pentref hwn ar un adeg hefyd.

Plasty a chartref yr hynafiaethydd Rhys Amheurug, awdur *A Booke of Glamorganshires Antiquities* a gyhoeddwyd yn 1578, oedd y Cotrel. Safai yn ymyl y ffordd sy'n arwain o'r pentref i gyfeiriad Pendeulwyn. Ymddiddorai Rhys yn fawr ym mywyd llenyddol Morgannwg ac yn nysg y penceirddiaid a rhwng 1599 ac 1605 bu Lewis Morgannwg yn ymwelydd cyson yma. Bu Dafydd Benwyn, y pennaf o glerwyr Morgannwg, yn ymweld â'r teulu tua'r un cyfnod hefyd. Daeth yr ystâd yn eiddo i deulu Button, y Dyffryn, pan briododd merch Rhys Amheurug fab y Llyngesydd Syr Thomas Button. Yn y ddeunawfed ganrif daeth y tŷ a'r tiroedd yn eiddo i'r Parchedig Samuel Gwinnett, perthynas agos i Button Gwinnett, un o'r Cymry o ran tras y ceir eu henwau ar Ddatganiad Annibyniaeth America ac a ddaeth yn llywodraethwr Georgia.

Daeth y lle yn eiddo i'r teulu Tyler wedyn a thrwy briodas etifeddes daeth yn eiddo i Mackintosh of Mackintosh a fu farw yn 1938. Dirywio a syrthio i'w bwll fu hanes y lle wedyn a'r diwedd fu ei ddymchwel yn llwyr.

Ar y ffordd sy'n arwain o'r pentref i Lancarfan mae Castell Moel, safle hen faenordy a ffos o'i gwmpas, sy'n perthyn i'r drydedd ganrif ar ddeg.

Wig, Y

Hen bentref chwe milltir i'r de o Ben-y-bont ar Ogwr ac a sefydlwyd yn y ddeuddegfed ganrif yw y Wig. Dyma pryd y codwyd Eglwys Sant Iago yma hefyd ac er iddi gael ei hadnewyddu yn y bedwaredd ganrif ar bymtheg mae digon o nodweddion yr Oesoedd Canol i'w gweld ynddi o hyd, megis y bedyddfaen a rhai o'r ffenestri.

Codwyd capel Bedyddwyr yma yn 1792 gan ran o'r gynulleidfa a fu'n addoli ym Mhen-y-fai, ond a ymrannodd. Ymrannu fu hanes y gynulleidfa hon hefyd. Gadawodd rhai aelodau a sefydlu Capel Ruamah ym Mhen-y-bont ar Ogwr. Troes y rhai a arhosodd yn Undodwyr erbyn yr ugeinfed ganrif.

Ar ochr ddeheuol y pentref yng Nghae Twmpath mae hen gladdfa o'r Oes Efydd. Dywedir bod angladdau lledrithiol i'w gweld weithiau'n ymlwybro rhwng yr eglwysi yn yr ardal.

Ystradowen
Saif y pentref hwn tua thair milltir i'r gogledd o'r Bont-faen ar y B4270 y rhedai'r rheilffordd o Lantrisant i'r Bont-faen drwyddo tan 1951. Yn Llwyn Drain o fewn plwyf Ystradowen y ganed y diwydiannwr cyfoethog David Williams – Alaw Goch, y gŵr llengar a'r eisteddfodwr pybyr yr honnir mai ef a sicrhaodd fod yr Eisteddfod Genedlaethol yn cael ei chynnal yn y de a'r gogledd am yn ail. Mewn plasty bychan o'r enw Llwyn-onn yr oedd Kitty Deere yn byw – aelod o deulu bonheddig yn y Fro y mae Iolo Morganwg yn mynnu mewn cywydd mai hi a'i gwnaeth yn fardd. Lluniodd Iolo orffennol llachar i'r pentref gan ddweud mai yma'r oedd canolfan traddodiadau derwyddol Morgannwg. Yn ôl Griffith John Williams, mae lle i'r pentref yn nhraddodiad eisteddfodol Morgannwg. Ty'n-y-tywod oedd enw'r tŷ lle cyfarfyddai'r beirdd, ond daeth y cyfarfodydd barddol hyn i ben tua 1730.

Codwyd eglwys yma yn y drydedd ganrif ar ddeg. Yn 1868 y codwyd yr eglwys bresennol, Eglwys Sant Owain, ac mae'n gopi o'r eglwys gynharach. I'r gorllewin o'r eglwys mae hen domen neu fwnt o'r ddeuddegfed ganrif ond ni ddatblygwyd castell ar y safle. Dri chwarter milltir i'r de-ddwyrain mae olion Castell Tal-y-fan, un o gestyll y teulu St. Quentin.

Yn nhafarn y *White Lion* dywedir bod ysbryd merch fach yn eistedd ar y grisiau sy'n arwain i dŷ bach y merched.

Chwedlau'r Fro

Bleidd-ddyn Gwenfô

Ar un adeg trigai gwrach ym mhentref Gwenfô ac roedd gŵr ifanc o'r ardal wedi addo priodi nith iddi a oedd yn byw yn Nhregatwg. Gwelodd y gŵr ifanc ferch arall a aeth â'i fryd yn llwyr a fe droes y ferch o Dregatwg heibio. Aeth y wrach i deimlo'n flin iawn ac ar ddydd priodas y gŵr ifanc fe gymerodd ei gwregys a'i osod ar garreg drws tŷ'r pâr ifanc. Wrth gamu dros y gwregys trawsffurfiwyd y gŵr yn fleidd-ddyn. Ar unwaith ffodd i gyfeiriad Saint Andras ac yna i'r coed a elwir Bears Wood. Bob nos gellid ei glywed yn oernadu ger bwthyn y wrach. Yna, clafychodd ei wraig a bu farw ymhen y flwyddyn. Pan glywodd y wrach am hyn cymerodd drugaredd ar y gŵr a'i adfer i'w iawn ffurf yn y gobaith y priodai ei nith. Hynny a ddigwyddodd ond bu mor greulon wrth ei ail wraig fel y'i trowyd yn fleidd-ddyn unwaith eto gan y wrach. Yna'n ddirybudd bu farw'r wrach a gorfodi'r gŵr i dreulio gweddill ei ddyddiau fel bleidd-ddyn. Bu'n crwydro'r ardal ac yn byw yn y coed am naw mlynedd tan iddo gael ei saethu ar ddamwain un diwrnod.

Comin Southerndown

Eiddo Maurice de Londres, arglwydd Cydweli ac Ogwr, oedd y tiroedd o gwmpas Southerndown a deuai yno i hela o dro i dro. Gomeddid i'r un Cymro hela yno a phe bai rhywun yn cael ei ddal yn torri'r rheol hon fe'i cosbid yn greulon iawn drwy losgi ei lygaid a'i ddallu. Pan oedd Maurice ar ymweliad â Chastell Ogwr un tro dygwyd Cymro oedd wedi cael ei ddal yn hela'n anghyfreithlon o'i flaen i ddioddef y gosb. Ymhlith y dyrfa a ddaeth ynghyd i wylio roedd merch yr arglwydd. Cymerodd drueni dros y carcharor ac ymbiliodd ar ei thad i'w arbed a hefyd i roi darn o'i dir yn ôl i'r Cymry lle gallent fynd i hela a chrwydro. Cydsyniodd y tad â'i chais gan ddweud y gallent gael cymaint o dir ag y gallai ei ferch ei gwmpasu'n droednoeth cyn machlud haul y diwrnod hwnnw. Y darn tir a enillodd y ferch i'r Cymry yw Comin Southerndown.

Neidr Sain Nicolas

Roedd y llwg neu'r clefri poeth ar rai o drigolion Sain Nicolas ac un o'r rhai a ddioddefai oedd merch fach tua wyth oed. Bob dydd arferai fynd â'i basnaid o fara a llaeth i'w fwyta yn y berllan wrth dalcen y tŷ. Byddai'n rhoi peth o'r bwyd i'r ddwy neu dair neidr a ddeuai ati'n rheolaidd. Un diwrnod roedd ei thad yn y berllan pan ddaeth y ferch â'i bwyd yno. Gwelodd y nadroedd yn llithro tuag ati a hithau'n rhannu ei bwyd â nhw. Yna'n sydyn, cododd un o'r nadroedd ei phen gan edrych ar wyneb y plentyn cyn llithro ymaith. Ymhen ychydig dychwelodd y neidr gyda thusw o ddail yn ei cheg. Gollyngodd y rhain a dechreuodd y nadroedd eu cnoi ac yna eu gosod ar freichiau a wyneb y ferch tra gorweddai ar ei chefn. Ymhen tridiau nid oedd arlliw o'r llwg i'w weld arni. Bu'r tad a'r meddyg teulu yn chwilio'n ddyfal am y dail ac er bod y tad yn taeru y gwyddai sut rai oeddent, ni ddaethpwyd o hyd iddynt o gwbl.

Sully House

Gynt, trigai capten llong yn yr hen

faenordy hwn a phob yn awr ac yn y man hwyliai i wledydd tramor yn ei long. Penderfynodd fynd â'i wraig gydag ef ar un fordaith ond bu hi farw ar fwrdd y llong. Roedd y capten yn sylweddoli nad arhosai'r morwyr ar long lle'r oedd corff marw yn gorwedd ac felly fe guddiodd gorff ei wraig. Plygodd y corff yn ei hanner a'i osod mewn cist â haen o blwm ar y tu mewn. Pan laniodd yn ôl yn Sili aeth â'r gist i'r tŷ. Yna archebodd arch gan gario'r gist â'r corff ynddi i'r berllan a'i chladdu yno hyd nes cyrhaeddai'r arch. Pan ddaeth y saer â'r arch aethpwyd ati i godi'r gist ond er dyfal chwilio nid oedd i'w chanfod yn unman. Y dyb gyffredin oedd fod rhywun wedi gweld y capten yn claddu'r gist a chan feddwl bod trysor ynddi ei fod wedi mynd ati i'w chodi.

Dywedid bod ysbryd y wraig yn cerdded rhwng y tŷ a'r coed ar brydiau, weithiau mewn gwisg ddu a thro arall mewn un wen. Anodd oedd cael morynion i weithio yn y tŷ gan fod yr ysbryd yn ymweld â'u hystafelloedd a gadawent eu swyddi fesul un. Ymhen blynyddoedd, wedi i'r tŷ gael ei ddymchwel, aethpwyd ati i atgyweirio'r hen stablau. Yno, o dan y cerrig llawr, daethpwyd o hyd i ysgerbwd gwraig wedi'i blygu yn ei hanner.

Mallt y Nos

Normanes a ddaeth i Fro Morgannwg yng ngosgordd Robert Fitzhamon oedd Mallt. Roedd yn wraig ddeniadol ond cwbl afreolus ac yng Nghastell Sain Dunwyd yr oedd yn byw. Ei hoff bleser oedd hela ac fe'i gwelid bob dydd yn carlamu'n wyllt ar ôl rhyw anifail neu'i gilydd a'i chŵn o'i chwmpas. Un diwrnod, pan oedd hi allan yn hela, cyfarfu ag offeiriad lleol. Gofynnodd hwnnw iddi pam na ddeuai i'r eglwys i addoli fel y gwnâi gwragedd eraill y castell. Fe atebodd Mallt ef drwy ddweud nad oedd arni'r awydd lleiaf i fynd i'r nefoedd os na châi fynd â'i chŵn hela yno gyda hi.

Ymhen ychydig wedi iddi ddweud hyn wrth yr offeiriad fe'i taflwyd oddi ar gefn ei cheffyl hela a bu farw. Byth er hynny, ar nosweithiau stormus, mae Mallt a'i chŵn i'w clywed yn hela o gwmpas Castell Sain Dunwyd ac mae rhai wedi'i gweld naill ai yn ei gŵn ddu neu mewn gŵn las neu goch.

Ysbryd Marcroes

Honnir bod peth o'r coed sydd yn eglwys Marcroes wedi dod o un o longau Armada Sbaen a ddrylliwyd ar y creigiau ger Nash Point.

Flynyddoedd lawer yn ôl gwyddai pawb yn yr ardal fod ysbryd yn ymddangos gerllaw carreg fawr ger yr eglwys a hynny ar yr un diwrnod bob blwyddyn. O'r diwedd magodd un o'r trigolion ddigon o ddewrder i siarad â'r ysbryd.

'Gan i ti fy nghyfarch yn enw Duw,' meddai, 'dyma'r hyn yr wyf am ei gael. Yr wyf yn chwilio am esgyrn fy mrawd a ymladdodd gyda Drake yn erbyn yr Armada, ac ni chaf orffwys tan y dof o hyd iddynt. Gan mai ysbryd ydwyf ni allaf gloddio'r ddaear. A fyddet yn fodlon fy helpu?' Cytunodd y gŵr a bu wrthi'n cloddio am hydoedd a'r ysbryd yn ei wylio. O'r diwedd daethpwyd o hyd i esgyrn. 'Esgyrn fy mrawd yw'r rhain,' meddai'r ysbryd, 'rhaid eu claddu mewn tir cysegredig.' Fe'u claddwyd yn y fynwent ac ar hynny dywedodd yr ysbryd 'Yr oedd yn ddyn da a dewr ac fe ymladdodd yn wrol yn erbyn y Sbaenwyr'. Yna diflannodd am byth.

Y Ceffyl Dŵr

Ceffyl bychan, hardd a lluniaidd oedd y Ceffyl Dŵr ac anifail bach peryglus iawn. Ymddangosai'n ddigon hywedd a mwyn nes denu pobl i'w farchogaeth, ond unwaith y byddent ar ei gefn carlamai i ffwrdd ar gyflymder arswydus ac yna'u taflu'n ddiseremoni sydyn i'r llawr a diflannu. Roedd yn gred gyffredinol y gallai gweinidogion ac offeiriaid ei farchogaeth yn ddiogel ac na chaent eu taflu.

Mae'n debyg fod offeiriad a chlerc plwyf Tresimwn yn cerdded adref o Gaerdydd un noson rywbryd yn ystod y ddeunawfed ganrif. Wrth iddynt ddynesu at y bont dros afon Elái, gwelsant geffyl yn sefyll ar lan y dŵr a heb feddwl ddwywaith dyma neidio ar ei gefn. Dechreuodd y clerc ddweud rhywbeth wrth yr offeiriad ac ar unwaith dyma'r ceffyl yn codi ar ei draed ôl. Ni chymerodd y clerc unrhyw sylw o hyn gan barhau i siarad ac yn sydyn iawn fe'i taflwyd oddi ar gefn yr anifail. Mae'n debyg i'r offeiriad gael ei gario'n ddiogel i'w gartref. Dywedid na ddylai neb yngan yr un gair pan fyddai'n marchogaeth ceffyl dŵr ac adroddid hanesyn am weinidog a blaenor Methodist i gadarnhau hyn. Roedd y ddau yn ymyl Tŷ Dyffryn ger Sain Nicolas pan aethant ar gefn y ceffyl a chan fod y blaenor yn siarad â'r gweinidog fe'i taflwyd. Ni chafodd unrhyw gydymdeimlad gan yr ardalwyr a dywedwyd wrtho y gallai unrhyw un a oedd mor ddwl â siarad ar gefn ceffyl dŵr ddisgwyl cael ei daflu.

Roedd llawer iawn o'r ceffylau hyn i'w gweld ar y rhostir uwchlaw dyffryn afon Ddawan yn ardal Trefflemin ac adroddid hanesyn am yr hyn a ddigwyddodd i ŵr oedd ar ei ffordd i hen felin ger Aberddawan ym mlynyddoedd cynnar y bedwaredd ganrif ar bymtheg. Roedd yn ddiwrnod oer a thywyll ym mis Rhagfyr pan oedd yr hen ŵr yn teithio ar draws y rhostir tua'r felin. Roedd wedi cyrraedd tua hanner y ffordd pan welodd o'i flaen ddyn tal ar gefn ceffyl bychan. Teithiai'r ceffyl yn hynod o araf ac roedd rhyw olau rhyfedd fel petai'n ymledu dros y ceffyl a'i farchog. Er arafed yr ymddangosai cerddediad y ceffyl ni allai'r hen ŵr, er brysio, ddod yn nes ato. Pan gyrhaeddwyd yr hen felin diflannodd y ceffyl a'r marchog tal. Eglurhad pobl y felin oedd mai ceffyl dŵr a welodd yr hen ŵr. Yn hwyrach y noson honno, oherwydd llanw anghyffredin o uchel, gorlifwyd llawr y cwm a chredai'r hen ŵr i'r ceffyl dŵr a'i farchog arbed ei fywyd drwy ei arwain yn ddiogel dros y rhostir.

Cloch a Llyfr Cadog

Roedd Gildas a Sant Cadog yn cydoesi a byddai Gildas, yn ôl yr hanes, yn ymweld â mynachlog Llancarfan yn awr ac yn y man. Arhosodd yno unwaith pan oedd ar ei ffordd i Rufain – a'r tro hwnnw roedd ganddo gloch fawr soniarus i'w rhoi'n anrheg i'r Pab. Hoffodd Cadog y gloch yn fawr gan fod ei sŵn mor hyfryd ond mynd â hi i Rufain wnaeth Gildas. Yno, wedi'i chyflwyno i'r Pab, ni ddeuai unrhyw sŵn ohoni. Rhoes Gildas dipyn o hanes y gloch i'r Pab gan sôn fel y ffolodd Cadog ar ei sain arbennig. Pan glywodd y Pab hyn dywedodd wrth Gildas am fynd â'r gloch yn ôl i Gymru a'i rhoi i Cadog. Hynny a wnaed a gosodwyd y gloch yn nhŵr y fynachlog a thyrrai pobl o bell ac agos i glywed ei chân. Bu yno am flynyddoedd nes i fachgen ifanc a oedd wedi ffoli ar ei sain benderfynu ei dwyn. Dringodd i gopa'r tŵr a phan oedd ar fin datod y rhaff oedd yn dal y gloch daeth y gloch yn rhydd yn ei law. Syrthiodd ef a'r gloch i'r llawr o ben y tŵr. Cafodd y llanc ei ladd ac fe suddodd y gloch yn ddwfn i'r ddaear nes mynd o'r golwg ac yno y mae o hyd, medden nhw. Os rhowch chi eich clust wrth y ddaear ger eglwys Llancarfan, hwyrach y clywch chi'r gloch yn canu yng nghrombil y ddaear.

Roedd yn arfer gan y mynaich i ymneilltuo i leoedd diarffordd neu i ynysoedd yn ystod y Grawys. Ynys Echni ym Môr Hafren oedd un o'r mannau yr âi mynaich y Fro iddynt a bu Cadog a'i gyfeillion, Baruc a Gwalches, yno un flwyddyn. Yn ystod eu harhosiad yno nofiodd bleiddiaid o'r tir mawr i'r ynys ac ymosod ar y defaid a'r ŵyn. Sylwodd Cadog ar ddau ohonynt yn ffoi o'r ynys ac yn nofio am y tir mawr. Cododd y sant ei olygon tua'r nef a gweddïo am gymorth. Ar unwaith trowyd y bleiddiaid yn greigiau ac yno y maent o hyd yn y môr nid nepell o'r ynys a'r enw arnynt yw Creigiau'r Bleiddiaid.

Wedi i'r tri chyfaill hwylio'n ôl am arfordir y Fro sylweddolodd Cadog iddo adael llyfr pwysig ar Ynys Echni a gofynnodd i'w ddau gyfaill hwylio'n ôl yno i'w gyrchu. Fe wnaethant hynny ond ar y ffordd yn ôl cododd storm

arswydus. Suddwyd y cwch a boddwyd y ddau gyfaill. Golchwyd corff Gwalches i'r traeth ar Ynys Echni ac fe'i claddwyd yno. Golchwyd corff Baruc i'r lan ar ynys fechan arall ac fe'i claddwyd yntau yno a galwyd y lle'n Ynys Baruc, sef Ynys y Barri wedi hynny.

Er i beth o weddillion y cwch gael eu golchi i'r lan nid oedd golwg o lyfr pwysig Cadog. Ymhen ychydig aeth mynaich Llancarfan i bysgota ar y môr a daliwyd llawer o bysgod. Wrth agor a glanhau un ohonynt darganfuwyd llyfr Cadog ac nid oedd fawr gwaeth wedi ei ysbaid ym mol pysgodyn môr.

Ladi Wen Sain Tathan

Ger pentref Sain Tathan gynt safai Castell West Orchard, cartref marchog Normanaidd a'i wraig ifanc. Ymunodd y gŵr â byddin o groesgadwyr ac aeth gyda hwy i'r Dwyrain Canol gan adael ei wraig i ofalu am y castell. Bu i ffwrdd yn rhyfela am flynyddoedd a phan ddaeth yn ôl dywedyd wrtho gan gymydog y bu ei wraig yn anffyddlon iddo. Celwydd oedd hyn wrth gwrs ond ni wrandawai'r marchog a phenderfynodd gosbi ei wraig mewn dull hynod o greulon. Claddwyd hi hyd at ei gên mewn twll y tu allan i furiau'r castell a gorchmynnwyd nad oedd neb i fynd yn agos ati nac i ddwyn yr un briwsionyn na'r un diferyn iddi. Roedd i farw o newyn a syched. Ymbiliodd ei chwaer yn daer ar i'r marchog ganiatáu iddi ymweld â hi unwaith y dydd. O'r diwedd caniatawyd iddi gael gwneud hynny ond nid oedd i ddwyn dim bwyd na diod i'w wraig. Âi'r chwaer yn blygeiniol fore bob dydd i ymweld â hi pan oedd y gwlith yn drwm ar y borfa. Gwlychai ei gwisg laes yn y gwlith a gallai ei chwaer gael ychydig bach i'w yfed drwy sugno'i godre. Cadwodd hyn hi'n fyw am ddeng niwrnod. Ymhen ychydig wedi hyn datguddiwyd mai celwydd noeth oedd y cyhuddiad yn erbyn y wraig ifanc. Ni wyddai'r marchog beth i'w wneud ac yntau wedi llofruddio'i wraig ffyddlon. Y diwedd fu iddo golli'i bwyll yn lân a bu raid ei gadw'n gaeth yn y castell am weddill ei ddyddiau. Dywedir bod ysbryd y chwaer garedig i'w weld yn y bore bach weithiau, yn arbennig yn ystod misoedd Mehefin a Gorffennaf, yn cerdded mewn cylch o gwmpas un llecyn gan aros yn awr ac yn y man.

Atyniadau Hamdden

Siambr Gladdu Tinkinswood

Dyma un o siambrau claddu mwyaf Prydain a godwyd yn ystod Oes Newydd y Cerrig tua phum mil o flynyddoedd yn ôl. Fe'i harchwiliwyd yn 1914 a daethpwyd o hyd i esgyrn tua deg a thrigain o bobl gan gynnwys esgyrn plant. Mae'n 130' wrth 57' ac mae'r capfaen yn pwyso dros ddeugain tunnell. Y goel yn yr ardal yw mai merched a drowyd yn gerrig am ddawnsio ar y Sul ydyw'r meini. Cred arall oedd fod ysbrydion derwyddon yn cerdded y fangre a'u bod yn curo pobl ddrwg.

Siambr Gladdu Llwyneliddon

Nid oes neb wedi bod yn cloddio yma hyd yn hyn. Mae'n perthyn i'r un cyfnod â beddrod Tinkinswood. Mae'r tair carreg sy'n cynnal y capfaen tua 10' o uchder ac mae'r siambr ei hun tua 8'x6'x6'.

Dywedai'r hen bobl y byddai'r cerrig hyn yn troi deirgwaith yn eu hunfan a moesymgrymu i'w gilydd ar Ŵyl Ifan. Pe baech yn mynd at y meini ar nos Calan Gaeaf a sibrwd eich dymuniad wrthynt, fe wireddid y dymuniad medden nhw. Cyfeirid at y cae lle saif y cerrig fel 'y cae melltigedig' a dywedid na thyfai dim ynddo.

Eglwys Sant Illtud, Llanilltud Fawr

Mangre hynafol yn cynnwys casgliad o hen feini coffa a chroesau Celtaidd.

Priordy Ewenni

Sefydlwyd y priordy gan Maurice de Londres yn 1141 fel cell o Abaty Benedictaidd Caerloyw ac mae ei feddrod i'w weld oddi mewn yr adeilad.

Castell Coety

Payn de Turberville, un o farchogion mintai Robert Fitzhamon, a gododd y castell cyntaf yma a hynny'n gynnar yn y ddeuddegfed ganrif. Tua diwedd y ganrif honno y codwyd y castell cerrig y gwelir peth o'i olion yma o hyd. Ond i'r bedwaredd ganrif ar ddeg y perthyn y rhan fwyaf o'r hyn a welwn yma heddiw. Yn y castell hwn yr oedd Syr Lawrens Berclos pan ymosododd Owain Glyndŵr arno yn 1404 ac ni chodwyd y gwarchae tan wanwyn 1405. Dechreuodd y lle adfeilio ar ddiwedd yr unfed ganrif ar bymtheg pan oedd yn eiddo i'r teulu Gamais.

Castell Ogwr

Saif y castell hwn mewn man strategol lle llifa afon Ewenni i afon Ogwr a lle'r oedd hen ryd. Dynodir y rhyd heddiw gan y cerrig sarn ar draws yr afon. Y tŵr sgwâr yw'r rhan hynaf a dyma un o'r adeiladau carreg mwyaf hynafol a godwyd gan y Normaniaid yn ne-ddwyrain Cymru. Maurice de Londres a'i cododd mae'n debyg. Gwelir adeiladwaith o'r drydedd ganrif ar ddeg, y bedwaredd ganrif ar ddeg a'r bymthegfed ganrif yma'n ogystal.

Castell Newcastle, Pen-y-bont ar Ogwr

Mae'n ddigon posibl mai William, Iarll Caerloyw, a gododd y castell hwn er bod yma amddiffynfa mor gynnar â 1104. Hwyrach mai yn ystod y cyfnod 1183-89 pan oedd y lle yn nwylo Harri'r Ail y codwyd y porth addurniedig.

Mae'n bosibl fod lleoliad y castell

yn dynodi ffin orllewinol y wlad a oresgynnwyd gan Robert Fitzhamon.

Castell Sain Dunwyd

Er mai â'r teulu Stradling y cysylltir Sain Dunwyd fynychaf, y gŵr cyntaf yn dwyn yr enw y gallwn ei gysylltu'n bendant â'r lle yw Syr Peter Stradling a briododd Joan de Hawey, etifeddes teulu Normanaidd o'r enw de Halweia, tua diwedd y drydedd ganrif ar ddeg Eiddo'r teulu hwn, er yn gynnar, oedd Sain Dunwyd ond gyda'r briodas hon daeth i feddiant y teulu Stradling a pharhaodd yn eu meddiant am dros bedwar can mlynedd tan 1738 pan laddwyd Syr Thomas Stradling mewn gornest ym Montpellier.

Daeth y castell yn eiddo i deulu Tyrwhit wedyn ac yna yn 1901 fe'i prynwyd gan Morgan Williams o Aberpergwm a bu ym meddiant y teulu Williams tan 1925. Dyna pryd y prynwyd ef gan y miliwnydd William Randolph Hearst. Gwnaed llawer o waith adfer ac atgyweirio ar yr adeilad a Hearst sy'n bennaf gyfrifol am wedd y lle heddiw.

Castell consentrig ydyw a godwyd yn y drydedd ganrif ar ddeg. Ceir rhagfuriau cadarn o gwmpas y beili mewnol a cheir porthcwlis a phont godi i amddiffyn y porth allanol. Ychwanegwyd at y castell yn ystod yr unfed ganrif ar bymtheg ac yn gynnar yn yr ail ganrif ar bymtheg a dyna sy'n esbonio'r wedd Duduraidd sydd ar y libart mewnol. Adeilad o'r bymthegfed ganrif yw'r neuadd fawr. Daethpwyd â tho a ffenestri'r neuadd o Briordy Badenstoke yn 1937. O eglwys yn Boston, Swydd Lincoln, y daw nenfwd pren y ffreutur.

Y Bewpyr

Daeth y maenordy hwn, cartref y teulu Basset, i fod tua 1300 pan godwyd adeiladau o gwmpas y cwrt mewnol presennol. Yn hanner cyntaf yr unfed ganrif ar bymtheg bu ailadeiladu ar raddfa eang pan godwyd yr adeiladau ar yr ochr ogleddol o gwmpas y cwrt canol gan Syr Rice Mansel a oedd wedi priodi etifeddes y Bassetiaid. Dyma pryd y codwyd y porth allanol a'r porth lloriog. Ond gogoniant y lle yw'r porth o flaen drws gogleddol y neuadd. Daeth y syniad o godi porth tri llawr â cholofnau Dorig yn cynnal rhai Ionig a'r rheiny'n cynnal colofnau Corinthaidd o Ffrainc mae'n debyg. Lledodd y syniad i Loegr a chodwyd sawl porth tebyg yno – yn Llundain ac yn siroedd Northampton, Hertford, Caint a Chaerhirfryn erbyn diwedd yr unfed ganrif ar bymtheg. Yn 1600 y codwyd porth y Bewpyr. Yn ôl yr arbenigwyr mae'n annhebyg mai ym Morgannwg y gwnaed ef. Credant iddo gael ei gludo yma ddarn wrth ddarn o rywle ger Caerfaddon. Nid dyma'r hanes yn ôl Iolo Morganwg! Lluniodd ef stori ryfeddol am ddau saer maen, Richard a William Twrch, disgynyddion i'r cywyddwr Iorwerth Fynglwyd o Saint-y-brid. Roedd Iolo eisoes wedi gwneud y bardd yn berchennog chwarel Sutton ger y pentref hwnnw ac yn awr soniodd am ddau o'i ddisgynyddion yn gweithio yno yn ail hanner yr unfed ganrif ar bymtheg. Aethant i gweryla â'i gilydd ynghylch rhyw ferch gan dyngu na thorent air â'i gilydd byth wedyn. Aeth Richard i Lundain gan weithio i bensaer o'r Eidal ac aeth gyda'r pensaer i'r Eidal lle datblygodd yn gerflunydd a phensaer medrus. Pan ddychwelodd i Forgannwg cafodd fod William ei frawd wedi marw. Ailgydiodd yn ei waith yn y chwarel gan ennill enwogrwydd mawr iddo'i hun ac ef, meddai Iolo, a gododd borth ysblennydd y Bewpyr! Dyna'r stori ond mae'n werth ychwanegu mai carreg Sutton a ddefnyddiwyd fel wyneb i ochrau'r porth.

Mae'r adeilad yng ngofal CADW.

Tŷ Dyffryn

Codwyd y tŷ presennol yn 1893 gan John Cory, perchennog gweithfeydd glo a llongau. Ond nid hwn yw'r tŷ cyntaf i'w godi ar y safle ac nid Dyffryn oedd enw gwreiddiol y fangre ychwaith. Worleton oedd yr hen enw ar y faenor ac yn Doghill, i'r de o'r gerddi presennol, roedd y tŷ annedd. Bu'r faenor yn eiddo i esgobion Llandaf am ganrifoedd ond daeth yn eiddo i'r teulu Button yn gynnar yn yr unfed ganrif ar bymtheg. Credir i'r teulu symud i safle presennol y plas a chodi tŷ yno tua 1571. Aeth yr ystâd i drafferthion ariannol oherwydd teyrngarwch y teulu i'r brenin Siarl y Cyntaf yn ystod Rhyfel Cartref yr ail ganrif ar bymtheg a bu raid benthyca'n sylweddol. Oherwydd i'r teulu fethu â thalu'r arian yn ôl i'r benthyciwr meddiannwyd yr ystâd ganddo a'i gwerthu yn 1749 i Thomas Pryce, Cwrt Carnau. Cododd Thomas Pryce dŷ newydd ar y safle. Etifeddodd ei ferch, Frances Anne, yr ystâd a phan fu hi farw yn 1837 daeth yn eiddo i John Bruce Bruce, Llanfleiddan. Ail fab hwn oedd yr Arglwydd Aberdâr cyntaf. Gwerthwyd yr ystâd i John Cory yn 1891 a chodwyd tŷ newydd ar y safle eto, ond cadwyd seleri yr hen dŷ ac yno y gwelir ysbryd y Llyngesydd

Syr Thomas Button yn pwyso ar y barilau cwrw cyn iddo fynd am dro o flaen y tŷ ar nosweithiau gwyntog!

Roedd gan John Cory a'i wraig Anna Maria Beynon bedwar o blant – un ferch, Florence Margaret, a thri mab, Herbert, John Clifford a Reginald. I Reginald y mae'r diolch fod gerddi eang ac amrywiol yma. Yn 1906 comisiynwyd Thomas Mawson ganddo i gynllunio'r gerddi 55 erw a welir heddiw. Daethpwyd â phlanhigion yma o bob rhan o'r byd a llawer ohonynt yn rhai prin iawn. Heddiw mae yma gasgliad sylweddol iawn o blanhigion a choed wedi'u plannu mewn gerddi ffurfiol ac anffurfiol o wahanol fathau. Perfformir dramâu yn un o'r gerddi yn ystod yr haf hefyd.

Bu Reginald Cory farw yn 1934 ac yn 1937 prynwyd ystâd y Dyffryn gan Syr Cennydd Traherne a throsglwyddodd y tŷ a'r gerddi i Gyngor Sir Morgannwg. Cynhaliwyd cyrsiau addysgol o bob math yma dros y blynyddoedd ynghyd â chynadleddau. Y bwriad nawr yw troi'r lle'n westy moethus.

Amgueddfeydd, Orielau a Chanolfannau Crefft

Amgueddfa Werin Cymru, Sain Ffagan (01222) 573500

Canolfan Archifau'r Barri a'r Fro (01446) 722166

Canolfan y Celfyddydau, Sain Dunwyd (01446) 794848

Crochendy Aberddawan (01446) 750589

Crochendy Claypits, Ewenni (01656) 661733

Gerddi'r Dyffryn

Crochendy Ewenni
(01656) 653020

Crochendy Morgannwg, Y Barri
(01446) 720674

Oriel Turner, Penarth
(01222) 708870

Oriel John Owen, Y Bont-faen
(01446) 774774

Oriel a Chaffi'r Washington, Penarth
(01222) 708047

Oriel Kingfisher, Y Bont-faen
(01446) 775173

Oriel Eastgate, Y Bont-faen
(01446) 775093

Clybiau a Meysydd Golff y Fro

Brynhill (Y Barri)
(01446) 735061

Coed y Mwstwr
(01656) 862121

Dinas Powys
(01222) 51272

Eglwys Fair y Mynydd
(01656) 864720

Gwenfô
(01222) 591094/593649/594371

Hensol
(01443) 222221

Parc Cotrel (Sain Nicolas)
(01446) 781781

Penarth
(01222) 701185

Pen-y-bont ar Ogwr (9 twll)
(01656) 647926

RAF Sain Tathan (9 twll)
(01446) 797186

Saint Andras (9 twll)
(01446) 722227

Southerndown
(01656) 880476/880326

Lleindiroedd Ymarfer

Pen-y-bont ar Ogwr
(01656) 647926

Y Barri
(01446) 742434

Atyniadau Awyr Agored Eraill

Arfordir Treftadaeth Morgannwg, Southerndown
(01656) 880157

Canolfan Treftadaeth y Rheilffordd, Ynys Y Barri
(01446) 709325

Canolfan Heboga Cymru, Y Barri
(01446) 734687

Clwb Hwylio'r Barri
(01446) 735511

Clwb Hwylio Penarth
(01222) 708196

Gwinllan Llanerch, Hensol
(01443) 225877

Parc Gwledig a Phentref Canoloesol Cosmeston, Penarth
(01222) 701678

Parc Gwledig Porthceri, Y Barri
(01446) 733589

Parc Hamdden Ffontygari
(01446) 710386

Mordeithiau o Bier Penarth
(01446) 720656

Canolfannau Hamdden

Llanilltud Fawr (Ham Lane East)
(01446) 793947

Penarth (Andrew Road, Cogan)
(01222) 700717

Pen-y-bont ar Ogwr (Angel Street)
(01656) 657491

Y Barri (Greenwood Street)
(01446) 744770

Y Bont-faen (Bearfield)
(01446) 775533

Canolfannau Gwybodaeth

Llanilltud Fawr, Neuadd y Dref
(01446) 796086

Penarth, Yr Esplanade, Pier Penarth
(01222) 708849

Pen-y-bont ar Ogwr, Gwasanaethau
Sarn, Sarn
(01656) 654906

Y Barri, Y Triongl, Heol Paget,
Ynys y Barri
(01446) 747171

Canolfan hamdden Pen-y-bont ar Ogwr

Llyfryddiaeth

Aithie, P. – *Morgannwg/Glamorgan,* Stroud 1993

Alexander, D.T. – *Glamorgan Reminiscences,* Caerfyrddin 1915

Awbery, S. – *Let Us Talk of Barry,* Y Barri 1954
    Llancarfan, Y Barri 1957
    The Story of St. Athan and Aberthaw, Y Barri 1959

Barber, C. – *Ghosts of Wales,* Caerdydd 1979

Billingham, N. & Jones, S.K. – *Ely, Caerau & Michaelston-Super-Ely,* Chalford 1996

Bowen, E.G. – *The Settlements of the Celtic Saints in Wales,* Caerdydd 1956

Brooks, J.A. – *Ghosts and Legends of Wales,* Norwich 1987

Bullows, M.– *Penmark Past,* Y Bont-faen 1995

Corbett, J.A. (ed.) – *A Booke of Glamorganshires Antiquities,* Y Barri 1972

Davies, A.T. – *Crwydro Bro Morgannwg,* Llandybïe 1972
    Crwydro Bro Morgannwg II, Llandybïe 1976

Denning, R.T.W. (ed.) – *The Diary of William Thomas,* Caerdydd 1995
    The Vale of Glamorgan in Old Photographs, Y Barri 1987

Eckley, S. – *Around Bridgend,* Chalford 1995

Evans, A a Stephens, S. – *Chwedlau Morgannwg,* Abertawe 1970

Evans, C. J. O. – *Glamorgan Its History and Topography,* Caerdydd 1953

Francis, D. J. – *The Border Vale of Glamorgan,* Y Barri 1976

Hilling, J.B. – *Glamorgan,* Princes Risborough 1991

Hughes, W. – *Tales of Old Glamorgan,* Llanrwst 1994

Jones, A. – *The Story of Glamorgan,* Llandybïe 1955

Jones, G. and Scourfield E. – *Sully,* Sili 1986

Lewis, H. – *Morgannwg Matthews Ewenni,* Caerdydd 1953

Moore, D. – *Y Tirluniau Cynharaf o Forgannwg,* Caerdydd 1978

Morgan, A. – *Legends of Porthcawl and the Glamorgan Coast,* Y Bont-faen 1975

Newman, J. – *The Buildings of Wales: Glamorgan,* Llundain 1995

North, G.A. – *Barry,* Chalford 1996

Powell, R. R. – *Welsh Tales of the Supernatural,* Caerdydd 1979

Pugh, J. – *Welsh Ghostly Encounters,* Llanrwst 1990

Pugh, T. B. (ed.) – *Glamorgan County History III,* Caerdydd 1971

Robinson, D. M. – *South Glamorgan's Heritage:*
    The Archaeology of a County, Pen-y-bont ar Ogwr 1985

Roderick, A. – *The Folklore of Glamorgan,* Cwmbrân 1986

Smith, G. – *Smuggling in the Bristol Channel, 1700-1850,* Newbury 1989

Thomas, H. M – *Ystradowen,* Ystradowen 1993

Thomas, R. – *South Wales,* Caeredin 1977

Thomas, W. V. – *The Shell Guide to South and Mid Wales,* Llundain 1987

Tilney, C. – *Dinas Powys, St. Andrews Major and Michaelston-le-Pit,* Chalford 1996

Trevelyan, M. – *Folk-Lore and Folk Stories of Wales,* Llundain 1909

Underwood, P. – *Ghosts of Wales,* Abertawe 1978

Williams, G. (ed.) – *Glamorgan County History IV*, Caerdydd 1974
Williams, G. J. – *Traddodiad Llenyddol Morgannwg*, Caerdydd 1948
  Iolo Morganwg, Caerdydd 1956
Williams, S (ed.) – *History on my Doorstep*, Y Bont-faen 1959
  Vale of History, Y Bont-faen 1960
  Garden of Wales, Y Bont-faen 1961
  Saints and Sailing Ships, Y Bont-faen 1962
  Glamorgan Historian I, Y Bont-faen 1963
  Glamorgan Historian II, Y Bont-faen 1965
  South Glamorgan a County History, Y Barri 1975

Y Bywgraffiadur Cymreig hyd 1940, Llundain 1953
Y Bywgraffiadur Cymreig 1941-1950, Llundain 1970
Y Bywgraffiadur Cymreig 1951-1970, Llundain 1997

Mynegai